Il Nostro Futuro Scoperto

Agenda 2030-2050

I Segreti del NWO e dei Globalisti del WEF Rivelati!

Il Grande Reset - Crisi Economica - Carenze Globali

Rebel Press Media

Disclaimer

Strage Vax UE, anche tra i giovani: 38.000 morti e 1,6 milioni con gravi danni alla salute

Nonostante il fatto accertato che il database ufficiale europeo EudraVigilance storicamente riflette solo il 6% del numero effettivo di vittime dei vax, le cifre ufficiali dopo circa 1 anno di "vaccinazione" contro il "Covid-19" sono a dir poco agghiaccianti: 37.927 morti e 3.392.632 persone con danni alla salute, di cui circa la metà (oltre 1,6 milioni) sono gravi / permanenti (come malattie cardiache, trombosi, disturbi autoimmuni, sordità, cecità, difetti alla nascita, morte). I più giovani e anche i bambini in particolare cadono in gran numero. Gli effetti collaterali e le conseguenze, per lo più gravi - per esempio, solo in Olanda, Belgio e Gran Bretagna (ex stato UE) ci sono 50.000 rapporti di donne e ragazze con disturbi mestruali - sono invariabilmente minimizzati. La politica e i media continuano a perpetuare il culto dell'(auto)omicidio che hanno iniziato continuando a promuovere e imporre quotidianamente queste iniezioni pericolose per la vita.

Le cifre del 15 gennaio dai quattro maggiori produttori, mostrano che il vaccino AstraZeneca dà il più alto rischio di gravi effetti collaterali, e il vaccino Moderna è il più letale. Numericamente, il vaccino Pfizer fa più vittime.

Diversi studi approfonditi sulle statistiche hanno rivelato l'anno scorso che l'UE rappresenta circa il 21%

del numero di segnalazioni, il che equivarrebbe a 7964 connazionali morti e 712.453 persone con reazioni avverse, di cui 338.399 con gravi danni alla salute. Il numero di morti per il Covid vax sarebbe quindi equivalente a un anno di influenza pesante, e il numero di persone con gravi danni alla salute costituirebbe ora la quinta città più grande del paese.

Procuratevi una calcolatrice per vedere quali sarebbero le cifre se si tiene conto del 6% dei numeri reali menzionati prima. Forse il presunto "misterioso" eccesso di mortalità nell'UE negli ultimi mesi, il più alto dalla seconda guerra mondiale, proviene da un angolo che la politica e i media non sono ancora autorizzati a nominare? Non importa il fatto che ovunque le vittime sono sempre più giovani:

* In Portogallo, dove il 90,2% della popolazione è stato iniettato, un bambino di 6 anni è morto, pochi giorni dopo la sua prima iniezione Pfizer. Le autorità riconoscono il sospetto di un grave contraccolpo;

Tabella dei contenuti

Crisi in Europa?

Dopo che i colloqui tra gli Stati Uniti e la Russia a Ginevra si sono interrotti ieri, la crisi ucraina si sta intensificando. 200 treni merci, ognuno dei quali trasporta 50 vagoni di attrezzature militari, sono in viaggio dalla Russia alla Bielorussia, o vi sono già arrivati. La Casa Bianca sta per intensificare gli aiuti militari al regime di Kiev, come la fornitura di elicotteri Mi-17, e sta esaminando le opzioni per rafforzare la forza degli Stati Uniti in Europa orientale. La Repubblica Ceca fornirà proiettili di artiglieria all'Ucraina. La Russia, nel frattempo, avverte "le conseguenze più gravi" se gli Stati Uniti / la NATO continuano a rifiutarsi di soddisfare le richieste di sicurezza del Cremlino - come il rispetto delle promesse fatte, in particolare non includere l'Ucraina nella NATO.

Il conduttore radiofonico americano Hall Turner crede che potrebbe rimanere solo una settimana per evitare la guerra con la Russia. Questo perché è quando scadrà l'ultimatum dei russi alla NATO per rispondere per iscritto alle garanzie di sicurezza che Mosca vuole. Nel frattempo, la NATO sta inviando grandi quantità di armi all'Ucraina. Prima, gli americani hanno stazionato circa 1.000 carri armati e molte decine di F-15 e F'16 in Romania e in altri paesi dell'Europa orientale.

Chiunque abbia mezzo cervello funzionante può vedere dove si va a parare: BOEM. E dovremo incolpare noi stessi per questo, perché non abbiamo tenuto i nostri governi sotto controllo", scrive Turner. Se la gente d'America e dell'Europa occidentale non inondano i loro rappresentanti eletti di telefonate, lettere ed e-mail per fermare questa assurdità, potremmo cadere a piombo dalla scogliera nell'abisso".

Ieri pomeriggio (ora locale), il comando delle forze aeree degli Stati Uniti ha inviato 20 messaggi ultra-prioritari in poche ore. Questi equivalgono a "fermate quello che state facendo ora e andate a fare questo o quello". Questo sistema di comunicazione è usato per attivare le forze nucleari e metterle in un alto stato di prontezza.

Ecco come potrebbe avvenire la terza guerra mondiale

Sulla base, tra l'altro, dei suoi contatti con gli analisti dell'intelligence, Turner descrive uno scenario in cui potrebbe scoppiare la terza guerra mondiale. Secondo lui, potrebbe iniziare con un'operazione militare russa in Ucraina (forse intesa a proteggere la popolazione russa dal regolare bombardamento dell'esercito ucraino, e/o da un'operazione di "liberazione" di De Krim, diretta o meno dagli USA/NATO). Poi la Polonia viene in soccorso e attacca l'enclave russa di Kaliningrad per costringere i russi a combattere su due fronti.

Lituania, Lettonia ed Estonia sono costrette a venire in aiuto della Polonia attaccando le forze ausiliarie russe che minacciano di entrare a Kaliningrad dalla Bielorussia. L'Ungheria e la Romania si uniscono alla mischia, così come la Finlandia e la Svezia. La Russia deve mobilitarsi completamente per combattere su così tanti fronti, e conduce un'invasione totale dell'Ucraina.

Questo minaccia di schiacciare le truppe britanniche in Ucraina. Per salvarle, Boris Johnson ordina un attacco nucleare tattico sull'esercito russo in Ucraina. La Russia si vendica con una bomba nucleare sull'esercito ucraino e anche su Londra. La Russia è stata falsamente incolpata di tutto per anni, quindi lo è certamente ora. Dopo la distruzione di Londra i media occidentali urlano per un duro intervento della NATO. Questo arriverà, e la terza guerra mondiale è un fatto.

Occidente colpevole della crisi attuale

Tutto è iniziato con il colpo di stato "Maidan" del 2014, diretto dalla CIA/MI6 e sostenuto dall'UE, contro il presidente democraticamente eletto dell'Ucraina. Poi l'Occidente ha installato un regime fantoccio a Kiev affiliato a gruppi neonazisti. Con la tragedia MH17 - o un errore dell'esercito ucraino o una deliberata operazione a bandiera falsa per incolpare la Russia - il fuoco anti-Putin è stato ulteriormente alimentato in modo estremamente ingannevole e mendace.

Causare la guerra con la Russia - il grande ostacolo del già pianificato e preparato da anni colpo di stato comunista Great Reset / Build Back Better che i regimi occidentali WEF (come quello di Rutte) stanno ora portando avanti contro i loro stessi popoli - era l'obiettivo principale dall'inizio nel medio termine.

L'Occidente ha rotto tutte le promesse e garanzie alla Russia dopo la caduta del Muro e il crollo della cortina di ferro. Queste garanzie permettevano di evitare una guerra tra Est e Ovest alla fine degli anni '80, e includevano il non espandere la NATO verso est senza il consenso russo. Tuttavia, questo è quello che è successo comunque. Infatti, negli anni '90, gli USA/NATO guidati da Bill Clinton scatenarono una guerra illegale e sanguinosa contro la Serbia (allora parte della Jugoslavia) solo perché era rimasta alleata della Russia. Poi furono presi di mira anche altri alleati di Mosca, come la Libia e la Siria.

Armstrong: "Putin può conquistare l'Europa in un batter d'occhio

L'economista americano Martin Armstrong scrive che Putin è capace di "conquistare l'Europa in un batter d'occhio". Raramente siamo stati così deboli, e questo per mano nostra, perché abbiamo messo in pericolo il nostro stabile approvvigionamento energetico con l'inutile ma estremamente costoso passaggio a fonti "sostenibili" inaffidabili. La Germania avrà gas naturale in riserva solo per poco più di due settimane quando la Russia, come ritorsione per le possibili sanzioni economiche più pesanti ora minacciate dall'UE, chiuderà il rubinetto del gas.

In un commento schermato, Armstrong scrive che SE la Russia e la Cina vorranno mai sconfiggere militarmente l'Occidente, dovrebbero cogliere la loro opportunità ORA. Se approfittano di questa opportunità unica, quell'attacco (della Russia sull'Europa e della Cina su Taiwan/Giappone/Australia, e congiuntamente sugli Stati Uniti) dovrebbe avvenire tra la fine di febbraio e la fine di marzo.

Nessuna grande guerra convenzionale, ma un improvviso e massiccio attacco nucleare?

Il mio scenario ipotetico sembra diverso da quello di Turner o Armstrong. Personalmente penso che Putin, strategicamente brillante, non sarà attirato in una grande guerra convenzionale con l'Occidente. Le massicce mobilitazioni russe sono, a mio parere, solo una tattica diversiva. Forse le sue truppe si impegneranno ancora in combattimento in Ucraina, ma il vero tonfo, secondo me, verrà dai sottomarini nucleari, silenziosamente spostati in posizione, che colpiranno simultaneamente e distruggeranno totalmente gli Stati Uniti e l'Europa (e a est il Giappone, Taiwan, la Corea del Sud e l'Australia) in un colpo solo con l'aiuto cinese.

E ancora: SE questo accadrà, la colpa di ciò sarà interamente degli insondabili arroganti e ora puramente bugiardi cacciatori di guerra a Washington, Bruxelles e Londra. La Russia ha cercato di unirsi alla NATO tre volte, ma gli Stati Uniti in particolare non hanno voluto. Il Pentagono aveva bisogno di nemici per continuare a giustificare la sua mostruosa spesa militare.

Profezia: "Grideranno per la pace, ma otterranno la distruzione".

Ora i leader dell'America e dell'Europa "hanno bisogno" di una guerra per un'altra ragione, cioè per coprire il fatto che, sostenendo le banche a spese della prosperità dei loro elettori e con le loro devastanti ma totalmente inutili misure climatiche e di blocco, hanno mandato in bancarotta le loro società ed economie e le hanno portate sull'orlo della distruzione.

Mentre gridano (nel senso di "esigere" o "comandare"): pace e riposo, una distruzione improvvisa viene su di loro, come le contrazioni di una donna incinta, ed essi non scamperanno in nessun modo. (1 Tess.5:3. l'affermazione corretta dal testo originale. Nessuna condizione di 'pace e riposo' è descritta qui, ma una 'chiamata' OM pace, durante un periodo di grande tensione e paura mondiale. (Vedere anche Luca 21:25-26 riguardo ai tempi finali: "...sulla terra si diffonde un timore disperato tra i popoli... e gli uomini tremano di paura e di terrore per le cose che stanno per venire nel mondo").

Il tempo del compimento si è davvero avvicinato, e l'uomo si è arreso al suo implacabile bisogno di dominio totale e/o distruzione totale dell'"altro"? O questo mondo folle otterrà un'altra (ultima?) tregua misericordiosa, ma a mio parere immeritata.

Colonnello cinese avverte gli Stati Uniti: Se venite in aiuto di Taiwan, seguirà una guerra nucleare totale

La guerra contro USA/UE/NATO pianificata da anni da Putin sta per scoppiare? Abbiamo scritto molte volte che un conflitto militare così pericoloso per la vita potrebbe benissimo iniziare con un'operazione "false flag", destinata a dare la colpa all'UE. E che dire della seguente grave provocazione americana: un aereo cargo della National Airlines sotto comando militare, che aveva appena consegnato un intero carico di munizioni a Kiev, ha improvvisamente scelto una rotta completamente diversa dopo il decollo, ha violato lo spazio aereo della Bielorussia, e poi ha volato per centinaia di chilometri nello spazio aereo russo, più o meno proprio sopra le unità dell'esercito russo che sono state assemblate per una possibile guerra con l'Ucraina. Vicino al Kazakistan, l'aereo è scomparso dal radar di tracciamento del volo.

I russi speravano che avrebbero abbattuto l'aereo da carico, dando loro il pretesto desiderato per fare il prossimo passo verso l'inizio di una guerra? Almeno il Cremlino non sembra essere caduto in questa trappola.

Caccia stealth Su-57 sopra Kiev?

Poi seguì qualcosa di ancora più notevole. Sullo stesso tracciato di volo, un caccia stealth russo Su-57 è apparso dal nulla sopra Kiev. Ad un'altezza di soli 350 metri, l'aereo ha volato per diversi chilometri sopra la città, e poi è 'scomparso' senza lasciare traccia. '

Se questo incidente è realmente accaduto, deve aver fatto un enorme rumore nella capitale ucraina. Sarebbe stata una dimostrazione di potenza senza precedenti da parte dei russi, e un messaggio che potrebbe mettere in tasca soprattutto l'Occidente, dato che la tecnologia stealth russa è evidentemente molto più avanzata di quanto si pensasse, e capace di eludere completamente i sistemi radar occidentali.

Secondo il Pentagono, la Russia ha spostato due divisioni di sistemi di difesa missilistica S-400 e un numero sconosciuto di jet da combattimento in Bielorussia, il che significa che "Kiev è ora nel mirino". Nel frattempo, i familiari di "personale non essenziale e diplomatici" sono stati evacuati dall'Ucraina, cosa che l'amministrazione Biden dice essere solo una "misura preventiva".

Colonnello cinese minaccia gli Stati Uniti di una guerra nucleare totale

Le tensioni con la Cina sono state ulteriormente intensificate dagli americani. Giovedì scorso, la marina cinese ha espulso la USS Benfold dalle acque territoriali delle contestate isole Xisha (nome occidentale: isole Paracel) nel Mar Cinese Meridionale.

Indipendentemente da chi possano appartenere queste isole, il continuo "pattugliamento" delle navi da guerra statunitensi così vicino alla Cina è una vera e propria provocazione. Come reagirebbe Washington se ci fossero continue navi da guerra cinesi che passano nel Golfo del Messico?

A Pechino, quindi, la gente è sempre più arrabbiata. Un colonnello di alto rango del PLA (l'esercito) ha avvertito sull'emittente statale CCTV che gli Stati Uniti non dovrebbero osare venire in aiuto di Taiwan durante un conflitto militare. Questo, ha detto, porterebbe immediatamente alla distruzione delle portaerei statunitensi nella regione e a una guerra nucleare totale.

Blackout in Asia

Dopo un attacco informatico, perderemo il nostro accesso a internet" - "Live Free or Die" è ora più che mai applicabile

L'attacco informatico WEF (false flag) che ha portato a un massiccio blackout in Europa, inteso a far passare il Grande Reset incastrando la Russia e avendo un pretesto per scatenare la terza guerra mondiale, sembra a portata di mano come i principali paesi dell'Asia centrale sono stati colpiti ieri da una massiccia interruzione di corrente che ha colpito milioni di persone. Luci, acqua, servizi igienici, frigoriferi, riscaldamento - niente funzionava più. Innumerevoli persone sono rimaste bloccate negli ascensori e negli ski-lift. Il traffico è degenerato nel caos. Considerando le tensioni belliche indotte dall'Occidente intorno all'Ucraina, il periodo febbraio-marzo potrebbe diventare molto eccitante anche da questo punto di vista, soprattutto se si considera che proprio in questo periodo l'UE si "eserciterà" per 6 settimane su un cosiddetto "cyber-attacco russo".

Il Kazakistan - recentemente bersaglio di un fallito tentativo di colpo di stato del tipo "Maidan" dell'MI6 -, l'Uzbekistan e il Kirghizistan, tre ex repubbliche sovietiche le cui reti elettriche sono collegate alla Russia, sono rimaste senza corrente ieri, secondo la Kazakhstan Electricity Operating Company (KEGOC) a causa di un improvviso squilibrio nella rete. A Tashkent, la capitale dell'Uzbekistan, le metropolitane si sono ernate e l'aeroporto ha dovuto essere chiuso. I residenti del paese hanno riferito che le forniture d'acqua e il riscaldamento si sono guastati. Bishkek, la capitale del Kirghizistan, si è completamente bloccata. Il traffico è diventato un caos, molte persone si sono lamentate dei guasti al riscaldamento.

Alcuni ipotizzano che il boom delle criptovalute ne sia la causa. Dopo che la Cina ha iniziato a regolamentare l'estrazione ad alta intensità energetica delle criptovalute, si è spostata in Kazakistan.

Dopo l'attacco informatico perdiamo l'accesso a internet

Altri credono che l'attacco informatico dell'inizio di quest'anno abbia colpito anche questi paesi. Nell'UE, il PVD sembra essere l'unico partito che osa dire apertamente cosa sta realmente accadendo.

Quello che probabilmente accadrà è che ci sarà un "cyber-attacco" o una "cyber-pandemia" - per cui la Russia sarà poi incolpata. Come se fosse parte della strategia verso l'Ucraina. A causa di quel "cyber-attacco" o "cyber-pandemia" perderemo il nostro accesso a Internet.

Lo riavremo solo con un "passaporto internet". Quindi penso che faranno esattamente lo stesso trucco nel mondo digitale che hanno fatto negli ultimi 2 anni nel mondo fisico: prima di tutto negare l'accesso con un falso pretesto.

(Mondo fisico: corona, mondo digitale: cyberattacchi) e poi restituirlo "in modo sicuro" con un passaporto. L'ID digitale completamente integrato è quindi una realtà. E il Grande Reset è stato realizzato un passo avanti. '

E così la parte del leone della popolazione ancora sonnambula, compresi gli Stati Uniti, viene condotta dal WEF e dai suoi regimi occidentali subordinati, nella prossima mega-crisi pianificata progettata per far passare il Grande Reset Comunista / Build Back Better / Agenda-2030, che minaccia di diventare la dittatura più dura e disumana che abbia mai afflitto il nostro pianeta.

Vivere liberi o morire

Almeno, se la terza guerra mondiale non finirà prematuramente. A questo punto, sarebbe anche un risultato inferiore. Dopo tutto: è meglio morire liberi che vivere la vita in una gabbia, anche se questa gabbia è digitale. (* Una parafrasi di Emiliano Zapata "È meglio morire in piedi che vivere in ginocchio"). 'Live Free or Die' è stato il motto dello stato americano del New Hampshire per 77 anni, e dovrebbe essere anche il motto di tutte le persone che ancora danno un certo valore alla libertà, all'autodeterminazione e al rispetto per gli altri.

"La vita è così cara, o la pace così dolce, da essere acquistata al prezzo di catene e schiavitù? Proibiscilo, Dio onnipotente! Non so quale strada possano prendere gli altri; ma per quanto mi riguarda, datemi la libertà o datemi la morte! (Patrick Henry, 1775)

I politici e le altre autorità che continuano a prometterti che riavrai la tua libertà se solo soddisfi tutti i tipi di requisiti (iniezioni, codici QR, tappi per la bocca, ecc.), più le persone che obbediscono a loro con la stessa paura che alla cieca, possono quindi essere descritte molto bene dal seguente testo:

La libertà che pretendono di essere, anche se essi stessi sono schiavi della perdizione; perché colui da cui uno è sopraffatto è il suo schiavo. (2 Pietro 2:19)

La prima dittatura mondiale comunista diventerà una realtà entro il 2022 - Iniettare ogni abitante della terra è la priorità numero 1 - L'attuale prosperità sarà in gran parte smantellata - L'ONU cerca la fine permanente della libertà di parola e della scienza

Il segretario generale dell'ONU, il comunista portoghese António Guterres, chiede che il mondo intero passi a uno stato di emergenza globale permanente quest'anno a causa di Covid-19 e del clima. E voi pensavate che tutto fosse tornato alla normalità, ora che potete andare di nuovo al pub. Ma non abbiamo ancora sperimentato nulla di ciò che l'ONU, l'OMS, il WEF e il FMI hanno in serbo, e che viene annunciato sempre più apertamente: una dittatura globale di una durezza senza precedenti in cui non avremo più alcuna libertà o controllo sulle nostre vite, nemmeno sul nostro stesso corpo.

Dobbiamo affrontare queste minacce insieme, sulla base di unità e solidarietà", ha dichiarato Guterres nel suo discorso all'Assemblea Generale all'inizio di questo mese. Ci deve essere una "piena mobilitazione di tutti i paesi" per affrontare "cinque situazioni di allarme", vale a dire Covid-19, il clima, un sistema finanziario moralmente fallito, "l'illegalità nel cyberspazio" e il declino della pace e della sicurezza nel mondo.

Fermare Covid e iniettare a tutti la priorità numero 1

Fermare il presunto coronavirus (scientificamente impossibile comunque e anche completamente inutile dal punto di vista medico) è la priorità assoluta, secondo Guterres. Per amore della forma, ha aggiunto che il Covid non deve essere usato per minare i diritti umani, limitare i diritti civili e imporre restrizioni sproporzionate, cosa che naturalmente è già successa e sta ancora succedendo, proprio su ordine dell'agenzia sanitaria dell'ONU, l'OMS.

Il leader dell'ONU ha aggiunto le ormai famigerate e infinitamente ripetute bugie di vetro: "Le nostre azioni devono essere basate sulla scienza e sul buon senso. La scienza è chiara: i vaccini funzionano. I vaccini salvano la vita". Pertanto, la cosiddetta 'disuguaglianza dei vaccini' dovrebbe essere eliminata al più presto; entro la fine del 2021, il 40% della popolazione mondiale è stato iniettato (= geneticamente modificato), entro la metà del 2022 questo dovrebbe salire al 70%.

In Africa, tuttavia, quella percentuale non sarà raggiunta fino al 2024. Invece di diffondere il virus a macchia d'olio, il vaccino dovrebbe farlo", ha detto Guterres, sottolineando che ogni mese vengono prodotte 1,5 miliardi di dosi, ma che la distribuzione di queste nel mondo è "scandalosamente diseguale".

Ha dimenticato di menzionare che i paesi così "svantaggiati" con i "vaccini" non sono quasi per niente colpiti dal Covid-19, e i paesi con i più alti tassi di vaccinazione riportano invariabilmente il più alto numero di malati e morti. La scienza reale ha quindi dimostrato da tempo che i vaccini = Covid-19. (Vedere la sezione Covid per i numerosi articoli e link su questo).

Presto tutti saranno ugualmente poveri sotto il governo mondiale dell'UN/WHO/WEF

Il secondo allarme riguarda la "riforma del sistema finanziario globale". Ancora una volta, vengono tirate fuori credenze socialiste che suonano tutte molto belle e vere, come il fatto che nel sistema attuale i ricchi vengono premiati e i poveri puniti. La sua "soluzione"? Un sistema finanziario globale centralizzato, quando la centralizzazione/globalizzazione ha effettivamente portato all'enorme disuguaglianza.

Il "miglior sostegno ai paesi in via di sviluppo" e "un sistema fiscale globale più equo" equivale quindi a un massiccio trasferimento forzato di ricchezza dai ricchi ai poveri, un massiccio livellamento di miliardi di persone. Risultato finale: tutti ugualmente poveri, tranne naturalmente i membri del governo mondiale dell'ONU/OMS/ WEF/FMI controllato da Big Finance, Big Tech e Big Pharme, che stanno per mettere le mani su TUTTA la ricchezza e la prosperità, e quindi sul controllo totale di tutti.

Prosperità in gran parte abortita per una crisi di CO2 inesistente

Tutti i paesi non hanno "scelta" di entrare in uno stato di emergenza per risolvere la "crisi climatica", ha continuato il comunista razziale. Le emissioni globali di

CO2 - che in realtà sono ancora a livelli storicamente, quasi pericolosamente bassi, e non hanno nulla a che fare con il mite e stagnante riscaldamento globale, che nel mondo reale si è addirittura invertito in raffreddamento globale - devono essere ridotte del 45% entro il 2030. Per fare questo, le fonti di energia fossile (petrolio, gas, carbone), la base della nostra attuale prosperità, devono essere in gran parte demolite.

I massicci e distruttivi investimenti richiesti per la "transizione verde" devono triplicare fino a 5 trilioni di dollari all'anno entro il 2030. Tuttavia, i paesi ricchi devono ancora mantenere la loro promessa di dare 100 miliardi di dollari ai paesi in via di sviluppo entro il 2022 per raggiungere gli obiettivi climatici.

'Combattere l'infodemia' = Fine della libertà di espressione

Il quarto allarme è il "crescente caos digitale" che sarebbe sfruttato dalle "forze più distruttive". Guterres si sarebbe guardato allo specchio? Perché mentre indica giustamente lo "sfruttamento delle nostre informazioni personali per manipolarci, cambiare il nostro comportamento, violare i nostri diritti umani e minare le istituzioni democratiche", poi vuole riservare proprio questi "diritti" esclusivamente alle Nazioni Unite.

Le nostre scelte ci vengono tolte senza che ce ne rendiamo conto". Infatti, signor Guterres - proprio dall'ONU, dall'OMS, dal WEF, dal FMI e da tutte le altre agenzie globaliste. Siete voi che sostenete una dittatura mondiale basata sulla vostra bufala pandemica e climatica. Siete quelli che presumibilmente vogliono porre fine all'"infodemia" e alla - in realtà da voi condotta - "guerra alla scienza", mettendo così fine alla libertà di parola e alla libertà di ricerca scientifica indipendente - esattamente come accade ovunque e sempre negli stati comunisti.

r

Con il mondo che sperimenta il più alto numero di conflitti violenti dal 1945, la richiesta di pace e sicurezza (/ 'pace e tranquillità') è più forte che mai. Naturalmente, il 'populismo' (= la volontà dei popoli di rimanere liberi e indipendenti e di determinare il proprio corso) è visto come uno dei maggiori pericoli.

Anche la "lotta al terrorismo" è menzionata di nuovo. Le organizzazioni terroristiche di gran lunga più pericolose che hanno messo in pericolo l'intero pianeta - il Pentagono/NATO e il WEF, per non parlare dell'OMS = la stessa ONU - sono naturalmente lasciate fuori. Sostenere il dispiegamento di truppe e denaro dell'ONU per garantire "i diritti umani, specialmente per le donne e le ragazze" in Afghanistan è estremamente ironico e anche ridicolo visto il recente e umiliante ritiro USA/NATO da quel paese.

Infine, Guterres ha sottolineato che l'unità nel Consiglio di Sicurezza dell'ONU è assolutamente necessaria per affrontare tutte queste "sfide", e che le donne leader devono essere centrali nella "prevenzione dei conflitti e

23

nel processo di pace". Abbiamo visto e stiamo vedendo da tipi come Angela Merkel, Christine Lagarde, Jacinda Ardern, Hillary Clinton e Victoria Nuland che le donne in posizioni di leadership non garantiscono sempre meno bugie e intrighi, più trasparenza e più umanità e pace - al contrario.

Conclusione: il mondo libero non esiste più. Il comunismo ha vinto, dopo tutto. È solo una fredda consolazione che storicamente tutti i paesi e i sistemi comunisti alla fine crollano, perché non si può continuare a sopprimere gli esseri umani e la natura umana all'infinito. Sfortunatamente, un tale crollo è sempre accompagnato da un enorme numero di vittime, e questa volta non sarà diverso.

Raffreddamento globale

Raffreddamento globale: Spessa coltre di neve a Gerusalemme; Acqua di mare vicino alla Grecia congelata

In assoluta obbedienza al già funzionante governo mondiale feudale dell'ONU, anche il regime dell'UE basa ancora la sua politica climatico-energetica sulla bufala dimostrata che la CO2 antropogenica causa il riscaldamento globale; un "riscaldamento" che in realtà non esiste da anni. Al contrario, il nuovo minimo solare, in combinazione con il campo magnetico in rapida diminuzione e la coincidenza della fine di tutti i cicli climatici (che annuncia sempre una nuova era glaciale), ha messo in moto un periodo di raffreddamento globale, che è molte volte più pericoloso e dannoso per l'umanità di un previsto riscaldamento fittizio di 2 gradi Celsius alla fine di questo secolo. Le innumerevoli prove di questo raffreddamento sono visibili in tutto il mondo, ma sono distorte o ignorate dalla politica e dai media.

USA: "La peggiore tempesta di neve della storia

75 milioni di abitanti della costa orientale degli Stati Uniti si stanno preparando per quella che i meteorologi dicono sarà "la peggiore tormenta della storia", che, secondo un meteorologo della CNN, può essere paragonata solo "al più potente uragano". Ieri, 2.000 voli sono già stati cancellati a causa di questo "ciclone bomba", e oggi quasi 3.500 in più. Si prevede uno strato di neve da 45 a 75 centimetri.

Anche nel sud della Florida questo fine settimana non farà così freddo dagli anni '60, e all'inizio di questa settimana è stato addirittura emesso un avviso per gelate notturne. Nello stato del Kansas, 68 pollici di neve sono caduti questa settimana; in alcuni luoghi, il record di 76 pollici è stato superato. Anche il Colorado ha sperimentato una tempesta di neve . A Nashville, Tennessee, 23,6 pollici di neve sono caduti dal cielo tra il 1 gennaio e il 21 gennaio, la quantità maggiore dal 1985.

Altrove, freddo e neve sono all'ordine del giorno

* Nel sud-est turistico della Turchia (Antalya, Mugla, Dalaman) è caduta la prima neve dal 1993. Lo scorso fine settimana parti di Istanbul hanno ricevuto uno strato di un metro. Non ha mai fatto così freddo nel paese, in alcuni luoghi quasi -40. Ci sono state anche quantità record di neve. Il governo è stato costretto a prendere la decisione di tagliare parzialmente l'elettricità per 3 giorni alla settimana perché non poteva più fornire energia sufficiente;

Raro pacco di neve spessa a Gerusalemme; gelo nel deserto del Sahara

A volte nevica a Gerusalemme e dintorni, ma raramente è caduta così fitta come giovedì scorso. Strade, scuole e negozi hanno dovuto essere chiusi. Molti residenti hanno twittato che non avevano mai vissuto un'esperienza simile in tutta la loro vita.

La neve è caduta persino nel deserto del Sahara, cosa
che è successa solo 5 volte negli ultimi 43 anni (e - dato
il raffreddamento globale - non del tutto casualmente
nel 2016, 2018, 2021 e ora 2022). Ad Ain Sefra (Algeria)
ha gelato a -2 gradi.

L'acqua del mare si congela al largo della Grecia

I media greci parlano di un "fenomeno unico nella vita":
Appena al largo della costa del paese è stato trovato del
ghiaccio marino, che normalmente si trova solo nei mari
polari. Vicino alla città costiera di Sagiada, il punto più
occidentale della Grecia dove c'è un clima
mediterraneo, la temperatura è scesa a quasi - 20 C.

Atene - la capitale più calda dell'UE - è stata coperta da
uno strato record di neve durante la più pesante bufera
di neve dal 1968, e anche la popolare isola di vacanza di
Mykonos è diventata bianca. 44 stazioni
meteorologiche greche hanno misurato temperature
basse senza precedenti che vanno da -10 a -18.

* Anche i vicini della Turchia, Iran (-27,4) e Iraq (-30),
hanno sperimentato il freddo estremo lo scorso fine
settimana; la domanda interna record ha costretto l'Iran
a ridurre le consegne di gas alla Turchia, che non
avrebbe potuto arrivare in un momento peggiore per
quel paese. I funzionari delle Nazioni Unite hanno
parlato di "condizioni di orrore" nei campi profughi a
causa del freddo e della neve della Siria. I bambini
camminano a piedi nudi nella neve indossando solo

sandali, e devono sopravvivere in tende sottili e strappate;

* Anche in India fa particolarmente freddo; a Delhi la temperatura ufficiale di martedì non ha superato i 12,1 gradi, cioè 10 gradi in meno della media. Il mese scorso ci sono stati già 11 giorni con temperature inferiori ai 17 C. I meteorologi si aspettano che i record invernali vengano battuti nel 2003;

Mentre fa più freddo, l'Europa rompe l'energia stabile e accessibile

Si prevedono continue temperature molto basse per il Caucaso, l'Ucraina, la Turchia, il Medio Oriente e l'Africa nord-orientale, il che aumenterà ulteriormente la già inaudita domanda di energia e renderà ancora più acuta la crisi energetica in Europa, causata principalmente dalla dismissione delle centrali a petrolio/gas e nucleari, e dal passaggio a fonti di energia "rinnovabile" molto costose e molto inaffidabili (soprattutto durante il freddo) come l'eolico e il solare, facendo precipitare milioni di persone in una profonda povertà, alla quale molti dei più deboli probabilmente non sopravvivranno.

Futuro tecno-dimensionale?

La nostra serie di articoli 'Forbidden Gates: L'inizio della guerra tecno-dimensionale' nel 2010 era ancora considerato da molti come pura fantascienza, qualcosa che stava lontano nel futuro. Per favore, rileggete alcune parti di questo articolo, e vedete voi stessi che ciò che sembrava fantascienza all'epoca sta diventando una dura - e direi particolarmente sinistra - realtà, specialmente con la manipolazione genetica Covid / iniezioni di ossido di grafene, il codice QR, AI e 5G. 'Vi cambieremo', ha annunciato apertamente il top executive del WEF Klaus Schwab qualche anno fa. E questo è esattamente ciò che è stato fatto su vasta scala in tutto il mondo dalla fine degli anni 2020. I rifiutanti a questo controllo totalitario bio/tecnologico in divenire, che metterà fine a tutte le nostre libertà, diritti umani e privacy, saranno presto completamente espulsi dalla società.

(16 agosto 2010 ***): I laboratori scientifici di tutto il mondo stanno lavorando da tempo a tecnologie rivoluzionarie che cambieranno non solo i nostri cervelli, i nostri ricordi e i nostri corpi, ma secondo l'autore Joel Garreau (libro Radical Evolution) anche le nostre anime. Gli umani del futuro saranno irriconoscibilmente superiori a noi - almeno, se dipende dagli scienziati e dagli intellettuali che compongono il movimento in rapida crescita chiamato transumanesimo. Gli studi di alcuni transumanisti sostengono che il DNA, gli elementi costitutivi della vita

umana, può essere alterato in modo tale che saremo in grado di interagire con intelligenze ancora "invisibili".

L'attraversamento del confine tra il mondo visibile e quello invisibile metterà alla prova la fede delle persone in modi mai visti prima. Un numero enorme di credenti potrebbe essere paralizzato dal terrore per le conseguenze soprannaturali di vasta portata. Il destino di molti - e quello delle loro famiglie - potrebbe dipendere dalla loro conoscenza di questa nuova realtà e se si saranno adeguatamente preparati ad essa.

Il piano per 'ridisegnare' l'uomo ha già migliaia di anni

Nel suo nuovo libro ("Forbidden Gates"), Thomas Horn mostra che c'è una forza malvagia millenaria dietro i piani di mescolare uomini, macchine e persino animali per ridisegnare l'umanità. Questo potere è ora riuscito a presentarsi come un percorso "progressivo" e "illuminato" per aiutare l'umanità nel "prossimo stadio dell'evoluzione". Poiché le macchine e gli esseri umani "simili a Dio" si stanno rapidamente evolvendo, e poiché c'è una crescente volontà di attraversare i confini ordinati da Dio tra le specie e le dimensioni, i credenti dovranno iniziare a prepararsi per un modo completamente nuovo di guerra spirituale.

C'è una battaglia spirituale invisibile in corso per l'anima di ogni essere umano, credente e non credente. È quindi della massima importanza riconoscere la natura di questa battaglia, così come le tattiche usate dai nostri malvagi nemici. È importante rendersi conto che tutti

sono coinvolti in questa guerra, che ci piaccia o no.
Evitare questa battaglia significa averla persa in
anticipo.

La guerra spirituale o spirituale inizia quindi con il
riconoscimento che esistono sulla terra "agenti" ed
esseri invisibili, sia buoni che cattivi, e che cercano di
influenzare sia la nostra vita a casa, nella chiesa, nel
governo e nella società, sia la nostra personalità.

Il male ha preso il controllo di governi, agenzie e società

Queste entità malvagie (spesso chiamate "demoni" e
"angeli caduti" nei circoli religiosi) giocano un ruolo
importante nella società nell'influenzare e controllare
individui, agenzie e governi. La loro stretta
collaborazione con i cosiddetti "architetti sociali",
persone e governi che perseguono più o meno gli stessi
obiettivi - cioè il dominio totale su tutto e tutti - è
ancora negata da molti che sono ciechi alla realtà del
mondo spirituale. Dietro e attraverso i rappresentanti
del popolo, i legislatori, i presidenti, i dittatori e persino
i leader religiosi, questi esseri malvagi possono
esercitare liberamente il loro potere. Non appena un
potere religioso o politico si è sollevato contro il bene
da qualche parte, essi fanno ogni sforzo per gettarlo in
una luce malvagia e abbatterlo pietra per pietra, anima
per anima.

In più di 30 testi importanti, il Nuovo Testamento usa la
parola greca "cosmos" per menzionare questo sistema,
questo "impero", questo "governo dietro il governo".

Sotto l'influenza malvagia (/demoniaca), le persone ricevono un certo potere che fa sì che il loro ego separato da Dio diventi sempre più ostile all'umanità, e cominciano a vedere le persone come oggetti che possono e devono essere manipolati e usati per raggiungere le loro ambizioni insane*.

(Il 'Grande Reset' / 'Build Back Better' di Klaus Schwab; l''Agenda-2030' dell'ONU; la 'vaccinazione di tutti' di Bill Gates, il 'Green New Deal' dell'UE, ecc.)

Alcuni credono che questo sistema sia iniziato già con la ribellione di Lucifero in cielo, quando divenne orgoglioso e si allineò con Dio. Questo essere, una volta esaltato, diffuse poi la sua inestinguibile sete di potere, di dominio e di dominio tra i suoi seguaci, gli agenti oscuri ancora attivi responsabili del principio di "causa-effetto" tra le personalità visibili e invisibili.

Cosmokrators

I poteri in questa sfera soprannaturale sono determinati e messi in atto da Satana (/ Lucifero, e i suoi molti altri nomi). Egli è a capo di importanti "cosmokratori" - dominatori delle tenebre che operano in e attraverso le loro sembianze umane - che a loro volta comandano gli spiriti inferiori in modo che tutte le autorità terrene - sia secolari che religiose - possano essere raggiunte e influenzate ad ogni livello.

Se potessimo dare una sbirciata dietro le quinte di questo mondo spirituale, saremmo testimoni di una battaglia tra il bene e il male, con le anime delle persone in gioco. Intere legioni si contendono il potere su persone, città, territori, paesi e persino continenti. La Bibbia testimonia questa realtà in Luca 4, dove il diavolo porta Gesù sulla cima di un alto monte e gli mostra tutti i regni della terra. E il diavolo gli disse: "A te do tutto questo potere e la loro gloria, perché mi è stato dato e lo do a chi voglio. Se dunque tu mi adori, sarà tutto tuo". (vs.6-7)

L'apostolo Paolo più tardi scrive ai credenti di Efeso: "... perché non dobbiamo lottare contro il sangue e la carne, ma contro i principati, contro le potenze, contro i dominatori di queste tenebre, contro gli spiriti maligni nei luoghi celesti". (Ef. 66:12 *) È lì che l'opposizione a Dio trova la sua origine. I conflitti e gli scontri tra persone, istituzioni e governi sono quindi spesso le manifestazioni visibili di una lotta che ha luogo nel mondo invisibile, spirituale. ("Regni celesti" potremmo chiamare "dimensioni" nel linguaggio moderno).

Il 2021 è stato il vero "anno 1" del Nuovo Ordine Mondiale Luciferiano?

Horn ha scoperto nella sua ricerca per il suo libro che il 2012 è stato menzionato in vari rapporti governativi come 'anno 1' del nuovo 'miglioramento' umano tecno-dimensionale. La programmazione predittiva - con tutti i suoi inganni e dati nascosti - è uno dei modi principali in cui i massoni / Illuminati obbediscono al loro 'codice' per far sapere sempre all'umanità quali sono i loro piani. Potrebbe il 2012 in realtà aver significato il 2021 come 'anno 1' del Nuovo Ordine Mondiale Luciferiano, l'anno in cui con le iniezioni di manipolazione genetica Covid-19 è iniziata la trasformazione finale dell'uomo in un essere che sarà presto tagliato fuori per sempre dalla vera Luce, da Dio?

Quindi rendetevi bene conto che non saranno altre "centinaia" di anni, né saranno "decenni". Ciò che i poteri occulti hanno accuratamente preparato per migliaia di anni sta per rivelarsi all'umanità / essere imposto all'umanità. L'orologio ticchetta inesorabilmente verso l'anno obiettivo del 2012 (/ 2021?). Una volta che avrete compreso appieno questo, sarete anche in grado di prepararvi e sostenervi ** in quello che si rivelerà essere il periodo più esaltante e sconcertante di tutta la storia dell'umanità. (/ Continua)

** Tranne un gruppo ancora troppo piccolo, la stragrande maggioranza (almeno 8 su 10, indipendentemente dalla fede o dal credo) è apparsa mentalmente e spiritualmente totalmente impreparata a questa guerra finale contro l'umanità, che è stata definitivamente scatenata con i programmi di vaccinazione climatica (la già citata Agenda-2030, il Grande Reset, ecc.). Il tempo rimasto per fermare questa agenda diabolica e cercare di annullare i danni è molto, molto breve.

Aumenti dell'aborto

Tutti i paesi con il più alto tasso di Covid vax hanno avuto un eccesso di mortalità molto alto nel 2021 - Dati ufficiali del governo USA: 15600% più malattie cardiache tra i giovani sotto i 30 anni - CDC conferma un eccesso di mortalità del 40% tra i 18-49 anni entro il 2021

Una nuova analisi dei dati ufficiali VAERS degli Stati Uniti da parte della dottoressa Jessica Rose mostra che il numero di aborti spontanei dovuti a iniezioni di Covid-19 è salito a 416.186. Le stesse statistiche governative mostrano un aumento del 15600% di malattie cardiache tra i giovani "vaccinati" fino ai 30 anni.

Il Dr. Rose è arrivato a un URF di 118 (under reporting factor) nel VAERS per gli aborti spontanei sulla base dei dati recentemente rilasciati (DEMD) dal Dipartimento della Difesa. Poiché la cifra del 2021 è di 3527, il numero reale è di 416.186. Solo l'1% di questi non è stato causato dal "vaccino".

Sia all'interno che all'esterno del VAERS, ci sono ora prove più che sufficienti che le iniezioni di Covid confondono e/o danneggiano gli organi riproduttivi femminili, sia temporaneamente che permanentemente. Il 21 gennaio, abbiamo scritto che quasi 50.000 donne e ragazze "vaccinate" hanno sviluppato disturbi mestruali solo in Olanda, Belgio e Gran Bretagna.

Le donne incinte sono state escluse dalle fasi di sperimentazione nel 2020. Il fatto che le iniezioni siano state raccomandate a donne incinte o a donne con un desiderio immediato di avere figli in seguito equivale quindi, come minimo, a pratiche mediche malvagie, ma di fatto anche a crimini contro l'umanità.

L'iniezione di Covid causa il 3250% in più di vittime di vax

Il VAERS ha registrato oltre 1 milione di vittime individuali del Covid vax il 21 gennaio, compresi 22.607 decessi. Questo numero di 1 milione in poco più di 1 anno supera i 915.813 (inclusi 29.542 decessi) di tutti gli altri vaccini negli ultimi 31 anni messi insieme, e rappresenta un aumento annuale del 3250%. I governi, i media e gli scienziati che ancora sostengono che l'iniezione Covid è "sicura" stanno quindi mentendo spudoratamente.

Degli oltre 1 milione che hanno sviluppato problemi di salute dopo le iniezioni, 2132 giovani sotto i 30 anni hanno miocardite o pericardite. Quel numero quasi raddoppia a 3912 se sono inclusi tutti i tipi di malattie cardiache, non solo i due più noti.

Per tutti gli altri vaccini (80+), 23 persone sotto i 30 anni si ammalano di cuore dopo l'iniezione ogni anno. Per i vaccini Covid, la cifra è 3611 persone sotto i 30 anni all'anno, un enorme aumento del 15600%. Si noti che questi sono solo i dati ufficiali VAERS, che sono stati determinati anni fa per includere al massimo solo l'1% del numero effettivo di morti da vaccino.

CDC: Mortalità della forza lavoro 40%

Abbiamo riferito in precedenza che secondo le statistiche del grande assicuratore OneAmerica, nel 2021 il tasso di mortalità in eccesso tra la popolazione attiva degli Stati Uniti tra i 18 e i 49 anni era del 40% (vedi il nostro articolo del 3 gennaio: Covid vaxxicide: Gli assicuratori statunitensi segnalano il 40% di morti in più nella popolazione attiva) . Questa percentuale è ora confermata dal CDC.

Nella maggior parte degli stati, gran parte dell'eccesso di mortalità è stato automaticamente attribuito al Covid. Questo viene fatto nello stesso modo estremamente fuorviante dei Paesi Bassi; per esempio, se qualcuno ha avuto un attacco di cuore o un incidente stradale, e viene trovato "positivo" con un falso test PCR, tale persona entra nelle statistiche come vittima del Covid.

I decessi in eccesso sono stati più alti in Nevada (65% / 36% dovuto a Covid), Texas (61%, di cui 58% Covid) e Arizona (57%, di cui 37% Covid). Il Distretto di Columbia ha riportato un tasso di mortalità ancora più alto del 72%, di cui lo 0% era dovuto a Covid.

Ci sono state quasi 6.000 morti aggiuntive in quel gruppo di età per polmonite non legata al Covid. Anche l'influenza sembra essersi presa una vacanza improvvisa negli Stati Uniti (solo 50 morti), a meno che Covid non fosse davvero solo un nuovo nome per l'influenza. Molti altri decessi sono attribuiti alle droghe (soprattutto al fentanyl); il numero di morti è salito a 101.000 nei 12 mesi prima del giugno 2021. Nel 2019, ce ne sono stati "solo" 72.000.

Nel gruppo di età tra i 50 e gli 84 anni, il tasso di mortalità in eccesso è stato superiore al 27% (oltre 470.000 morti in più). In quasi 4 casi su 5, il Covid era elencato come (co)causa di morte.

Tutti i paesi con il più alto tasso di Covid vax hanno un eccesso di mortalità molto alto

'Penso che sia molto probabile che nella prossima fase il numero di decessi nanizzerà le affermazioni del numero di vittime del Covid', ha dichiarato l'ex vicepresidente della Pfizer, il dottor Mike Yeadon. Anche se le prove sono sempre circostanziali, sulla base delle cifre e delle statistiche, ha detto che non ci può essere alcun dubbio che l'enorme eccesso di mortalità nei paesi con il più alto tasso di Covid vax è effettivamente causato dalle iniezioni.

La tendenza 'Più iniezioni di Covid = Più morti' è troppo evidente ovunque per essere chiamata 'coincidenza'. In Scozia, per esempio, l'87% degli adulti è stato 'vaccinato'; i decessi settimanali sono ora del 30% sopra la norma. In Germania, c'è stato un eccesso di mortalità del 10% ad un tasso di vax dell'80% (settembre 2021).

Il "misteriosamente" nominato forte aumento dei decessi in Danimarca, Finlandia e Norvegia - più alto che durante le peggiori settimane della "pandemia" di corona - è andato anche di pari passo con il numero sempre crescente di iniezioni. L'Olanda, il primo paese d'Europa per le iniezioni secondo alcune statistiche, ha persino sperimentato il più alto tasso di mortalità in eccesso dalla seconda guerra mondiale.

Vittime sempre più giovani

Secondo VigiAccess, il database vax dell'OMS, uno sbalorditivo 41% dei 2,4 milioni di malattie da iniezione e morti registrate ha meno di 44 anni. Solo il 6% ha più di 75 anni. Le iniezioni di Covid stanno quindi causando una vera strage tra persone sempre più giovani, ma i media non sono autorizzati a riferirlo. Così i media citano solo cause non provate e inventate come "lo stress da pandemia" o la in realtà molto lieve "variante Omicron".

Perché la mortalità era più alta nel 2021 che nell'"anno pandemico" 2020, quando non c'erano affatto "vaccinazioni"? Porre la domanda è rispondere: perché le vaccinazioni erano in atto dal 2021. Le statistiche globali lo dimostrano innegabilmente. In Africa, non c'è quasi nessun Covid, mentre il tasso di vax lì è molto basso. L'Europa e gli Stati Uniti sono inondati di persone con sintomi di Covid, mentre il tasso di vaccinazione è molto alto.

La mortalità complessiva tra i vaccinati è solo (molto) più alta

Se il Covid è così pericoloso come si sostiene, e il vaccino così efficace come si sostiene, allora dovremmo vedere molte più morti legate al Covid tra i non vaccinati che tra i vaccinati", ha detto recentemente il professor Norman Fenton (Queen Mary London University), indicando le statistiche ufficiali ONS. E se il vaccino è sicuro, come si sostiene, allora ci dovrebbero essere molte meno morti aggiuntive per cause diverse dal Covid tra i vaccinati che tra i non vaccinati".

Quello che il professore ha scoperto, tuttavia, è il contrario. Infatti, la mortalità complessiva tra le persone vaccinate è (molto) più alta di quella delle persone non vaccinate. Numerosi ospedali riferiscono che le masse di persone (vaccinate) che arrivano ora sono molto più malate di quanto siano mai state.

Persino NPR ha riconosciuto che la maggior parte di queste persone, che arrivano con gravi trombosi, malattie cardiache, dolori agli organi e problemi respiratori, tra le altre cose, non hanno Covid.

Fenton sperava che ne sarebbe scaturito un dibattito, ma invece viene improvvisamente liquidato come un estremista, cosa che accade ovunque a chiunque osi mettere in discussione apertamente anche solo per un secondo queste intoccabili e "sacre" iniezioni di manipolazione genetica dichiarate.

I media sono complici di questo sterminio di massa?

Nel prossimo futuro (tra ora e 1-3 anni), i giovani vaccinati potrebbero trovarsi di fronte a un'enorme ondata di malattie gravi. Per esempio, il New York Post ha riportato che gli esperti stanno avvertendo che una malattia grave spontanea poco conosciuta (SCAD) che provoca un attacco di cuore, e che normalmente colpisce soprattutto le donne tra i 30 e i 60 anni, sta ora colpendo anche le giovani donne in forma di 22 anni.

Articoli simili appaiono in un numero crescente di media occidentali che sembrano preparare il pubblico ad accettare un tasso molto più alto di malattie e di morte per difetto, soprattutto tra i giovani. "Sembra che i media abbiano accettato il loro ruolo di complici in questo sterminio di massa, o è un'esagerazione?" si chiede giustamente il britannico The Exposé.

Attacchi di cuore ovunque?

L'avvocato USA rivela un aumento scioccante delle vittime dei vax in base alle cifre dichiarate - le cifre canadesi confermano la pandemia dei vaccinati: L'efficacia delle iniezioni di Covid è risultata essere non il preteso 95%, ma MIN 425%

Una nuova analisi delle cifre e degli sviluppi attuali mostra che 62,3 milioni di persone nel mondo potrebbero morire di malattie cardiache entro il 2022 a causa delle iniezioni di Covid-19. Termini come vaxxicidio (genocidio da vaccino), spopolamento ed estinzione di massa cominciano quindi a diventare sempre più reali. Come abbiamo predetto nel 2020, queste vittime saranno falsamente attribuite a una variante del Covid (o a una malattia indotta dal Covid) in modo che la gente continui a mettersi in fila ordinata per la prossima iniezione di richiamo.

Il numero di atleti professionisti colpiti da malattie cardiache gravi e/o fatali è raddoppiato ogni tre mesi l'anno scorso. La FIFA ha contato 31 calciatori professionisti morti nel 2021, passando da 2 nel primo trimestre a 21 nell'ultimo trimestre. Possono essere considerati il proverbiale canarino nella miniera di carbone. I migliori calciatori sono i primi a morire perché mettono più a dura prova il loro cuore con i continui allenamenti e le tante partite. Uno dei calciatori più famosi che è appena sopravvissuto è Sergio Aguero, che, tuttavia, non sarà mai più in campo a causa della sua condizione cardiaca vax.

Nel novembre 2021, abbiamo scritto di un rapporto dell'American Heart Association (AHA), che avvertiva che entro cinque anni, le persone vaccinate avranno una probabilità più che doppia di avere un attacco di cuore. Supponendo che l'esplosione delle malattie cardiache messa in moto l'anno scorso continui allo stesso ritmo, e che il numero di vaxxers (ora 51,6% in tutto il mondo) non continui ad aumentare.

Normalmente, una media di 8,9 milioni di persone muoiono ogni anno per malattie cardiache. Al ritmo attuale, questo minaccia di diventare 71,2 milioni quest'anno, un aumento di 62,3 milioni di morti. Ciò significa che le iniezioni di Covid uccideranno più persone dell'HIV/AIDS, e questo solo per gli attacchi di cuore. Questo non conta nemmeno le molte altre cause di morte identificate da queste iniezioni di manipolazione del gene mRNA, come il VAIDS (= vaccino-AIDS risultante da un sistema immunitario distrutto gradualmente dimostrato) e la degenerazione neurologica.

I vaxxers possono solo sperare che il loro sistema immunitario danneggiato si riprenda spontaneamente e superi le proteine tossiche del picco prodotte dalle iniezioni nei loro stessi corpi. Finora, tuttavia, non c'è alcuna indicazione di questo - piuttosto il contrario. Da mesi ormai, la tendenza ovunque è innegabilmente in una sola direzione: Più iniezioni = più malati e morti.

Aumento scioccante di malattie gravi tra il personale militare di base sano

Questo è confermato, tra gli altri, dai dati (DMED) del Dipartimento della Difesa degli Stati Uniti. L'avvocato Thomas Renz lavora da mesi per conto delle vittime dei vax ignorate e abbandonate a se stesse da politici, media e comunità medica. Lunedì scorso, in un'udienza con il senatore Ron Johnson, ha presentato le statistiche scioccanti, trapelate dai medici militari che non potevano più sopportare il numero impressionante di giovani militari sani che hanno sviluppato gravi malattie e altri disturbi medici dopo le loro "vaccinazioni".

Secondo loro, le iniezioni di Covid nell'esercito hanno ora causato quanto segue:

* 300% in più di aborti nelle donne soldato (4182, rispetto alla normale media quinquennale di 1499);

* quasi il 300% in più di diagnosi di cancro (114645 nei primi 11 mesi del 2021, rispetto al normale 38700 all'anno)

* 1000% in più di disturbi neurologici (da 82.000 normali a 863.000 l'anno scorso);

* 269% più infarti del miocardio;

* 291% più frequente la paralisi di Bell (paralisi facciale);

* 156% di difetti di nascita in più (dei figli del personale militare);

* 471% di infertilità più frequente nel personale militare femminile;

* 467% in più di embolie polmonari.

In un affidavit, uno degli informatori militari afferma che "è mia opinione professionale che gli aumenti più significativi nei casi di aborti, cancri e malattie sopra discussi siano stati causati dalle vaccinazioni Covid-19. (Notando che una persona vaccinata può essere stata colpita da più di una delle condizioni menzionate, e quindi le percentuali sono basate sul numero di diagnosi, non sul numero di casi individuali).

Renz dice che l'onere della prova è sul governo, non il contrario, soprattutto perché sia il personale militare che i civili sono costretti ad essere iniettati con un prodotto sperimentale i cui produttori sono esenti da qualsiasi responsabilità in anticipo. Se le iniezioni sono del tutto "sicure ed efficaci", come si continua a sostenere, allora il Pentagono non dovrebbe avere problemi a spiegare la causa di questo gigantesco aumento di malattie, disturbi e patologie.

Canada: I vaccini hanno un'efficacia NEGATIVA del 425

E che questa vera causa sembra essere le iniezioni stesse è dimostrato anche da un'attenta analisi indipendente dei dati ufficiali del governo canadese.

45

Invece di un'efficacia dichiarata del 95%, i "vaccini" hanno un'efficacia NEGATIVA del 425% in persone completamente vaccinate a partire dai 12 anni. Ben l'89% di tutti i nuovi casi attribuiti a Covid in gennaio erano completamente vaccinati.

La Pfizer è arrivata al 95% attraverso un metodo di calcolo fuorviante ormai tristemente noto, cioè tracciando durante la fase di test il numero di infezioni da corona nel gruppo placebo (162) contro il numero di infezioni nel gruppo 'vaccinato' (8). Un quadro molto più equo sarebbe stato dipinto se questi numeri di cosiddette "infezioni" fossero stati impostati rispetto al gruppo totale testato di 21830 persone. In effetti, la differenza sarebbe stata solo dello 0,7%.

Molti governi nazionali hanno usato uno sporco trucco simile nelle loro statistiche mensili sulle "infezioni", riportando il numero totale di persone non vaccinate dall'inizio della campagna vax (dicembre 2020/gennaio 2021). Così facendo, hanno dato la falsa impressione che la parte del leone delle "infezioni" fosse costituita dai non vaccinati.

Tuttavia, grazie all'archivio internet, è possibile scoprire esattamente quali sono le cifre reali. Nel caso citato del Canada, tra il 21 dicembre e il 22 gennaio, ci sono stati 49579 'casi' tra i non vaccinati, e un numero enorme di 390401 tra i vaccinati. Da questo segue un tasso di efficacia del 'vaccino' sconcertante di -425%.

Iniezioni basate su un modello di "virus" al computer

Di nuovo, questi dati dimostrano che le iniezioni di
Covid-19 rendono effettivamente le persone molto più
suscettibili ai sintomi della malattia attribuiti al Covid.
Continuiamo volutamente a descriverlo in questo
modo, poiché il CSO di Novavax ha riconosciuto davanti
alle telecamere alla fine dell'anno scorso che NON
hanno accesso a un virus 'vivo', ma solo a un modello al
computer. In altre parole, i 'vaccini' di manipolazione
genetica sono stati formulati sulla base di informazioni
di laboratorio (genetiche) fornite dai cinesi di un
presunto coronavirus che si sostiene causi il Covid-19.

Abbiamo scritto dall'inizio del 2021 che sembra
sospetto che il Covid-19 sia effettivamente causato
dalle iniezioni (qualcosa che abbiamo predetto nel
2020, tra l'altro). Ma "tutti quei malati allora nel 2020"?
In primo luogo, sembra che non ci sia stato un eccesso
di mortalità in quell'anno. In secondo luogo, il numero
di ricoveri ospedalieri nell'UE era inferiore a quello dei
cinque anni precedenti. In terzo luogo, la normale
influenza di quell'anno è improvvisamente e
innaturalmente quasi scomparsa, e i presunti "pazienti
della corona" avevano tutti sintomi che sarebbero stati
attribuiti all'influenza in qualsiasi altro anno. Per
esempio, i test PCR standard usati anche nell'UE sono
stati vietati negli Stati Uniti dal 1° gennaio perché non
possono distinguere tra corona e influenza.

Alla domanda posta da sempre più persone se non
siamo stati gigantescamente truffati dal 2020 con una
falsa "pandemia", inventata solo come pretesto per

sottomettere il mondo intero a una dittatura totalitaria comunista UN/WHO/WEF/IMF clima-vaccinazione, si può quindi rispondere senza ombra di dubbio con SI.

Super HIV nell'UE?

Le cifre ufficiali del governo canadese (sistemi immunitari declassati al MIN 81% medio grazie alle iniezioni) indicano un'imminente epidemia di AIDS tra i completamente vaccinati.

Vi ricordate i nostri precedenti libri sul legame tra le iniezioni di Covid che minano il sistema immunitario e l'emergere di una nuova forma di AIDS? Bene, i media americani hanno riportato qualche giorno fa che gli scienziati hanno scoperto una virulenta 'variante VB' dell'HIV ('super HIV') nei Paesi Bassi . Il nostro paese è in cima alla classifica dei paesi più 'vaccinati' d'Europa (nel luglio 2021 sarebbe stato il 90%, dopo di che questa percentuale è stata fortemente ridotta, presumibilmente per continuare a 'giustificare' l'isolamento in corso e altre misure). Dal momento che le iniezioni sono state dichiarate intoccabili e sacrosante, possiamo aspettarci l'ormai così prevedibile dichiarazione senza senso da parte dei media mainstream che è tutta colpa di una variante del Covid, e 'quindi' sono necessarie presto più 'vaccinazioni'.

Questo tipo di bugie provate sono ancora inghiottite intere nell'UE - in parte grazie a tutti i tipi di "utili idioti" acritici del governo da noti programmi televisivi - anche se lentamente sempre più persone stanno iniziando a rendersi conto che negli ultimi due anni sono state fatte un sacco di dichiarazioni su corona / Covid e le "vaccinazioni" che si sono rivelate false, e sono state fatte promesse che non sono state mantenute o sono state infrante volta per volta.

Non solo nei Paesi Bassi, ma anche in Canada, le cose minacciano di andare completamente male per le persone vaccinate nel prossimo futuro: i dati ufficiali del governo suggeriscono che la maggior parte sta effettivamente sviluppando il Vax-AIDS ora che il loro sistema immunitario è stato declassato a una media di MIN 81%. (Vedi anche il nostro articolo del 2 febbraio: (/ Le cifre canadesi confermano la pandemia dei vaccinati: L'efficacia delle iniezioni di Covid non è il preteso 95%, ma il MIN 425%).

Gli avvertimenti di Pierre Capel si sono rivelati giustificati: il sistema immunitario è distrutto

Scienziati indipendenti come il professore olandese di immunologia sperimentale Pierre Capel hanno avvertito dall'estate del 2020 che le iniezioni di mRNA rappresentano un enorme pericolo potenziale per la salute, perché permettono al proprio corpo di produrre la parte più tossica del coronavirus, la proteina Spike. I politici e i parlamenti, tuttavia, hanno rifiutato di ascoltare le voci critiche; le "iniezioni" di massa dovevano essere fatte, perché questa sarebbe stata "l'unica soluzione".

Ora le sue paure sembrano essere state giustificate. Nella maggior parte delle persone il sistema immunitario non sembra tornare al suo stato normale e naturale dopo le iniezioni di Covid. Le persone non vaccinate hanno ora un sistema immunitario dimostrabilmente molto meglio funzionante (almeno 5 volte più forte), anche contro tutti i tipi di varianti di corona / Covid. Con i vaxxers è vero il contrario; la degradazione scioccante al MIN 81% è avvenuta con il seguente calcolo:

Percentuale di "casi" non vaccinati (in Canada) - Percentuale di "casi" vaccinati / percentuale massima di non vaccinati / percentuale di vaccinati = stato del sistema immunitario. In numeri: 418.4 - 2220.23 = 1801.83 / 2220.23 x 100 = - 81.55%. (In precedenza le stesse statistiche ufficiali mostravano una sconcertante efficacia vaccinale del MIN 425%).

Assurdo: Il forte non può fare quasi niente, il debole può fare tutto

Il canadese medio vaxxer ha quindi solo il 18,45% del suo sistema immunitario rimasto per combattere contro tutti i tipi di virus, tumori, ecc. La domanda è se e quando anche il restante 18,45% sarà scomparso, non ci sarà più resistenza e tutte queste persone avranno contratto l'AIDS.

Nonostante questo, sono proprio quelli con un sistema immunitario intatto che ora vengono esclusi da parti della società con codici QR e carte vax, e quelli con un sistema immunitario distrutto in vari stadi che sono ancora una volta autorizzati a fare qualsiasi cosa, e a "infettarsi" a vicenda con qualsiasi cosa. Il che normalmente non sarebbe un problema, ma ora la

51

variante Omicron completamente innocente, e anche ogni semplice raffreddore che causerebbe non più di un naso che cola o tosse in persone non vaccinate, può letteralmente diventare pericoloso per la vita.

Tutti gli argomenti per tutte le misure sono stati schiacciati

In ogni caso, le cifre canadesi hanno innegabilmente schiacciato tutti gli argomenti per i vax pass, i codici QR, e certamente per le vaccinazioni obbligatorie, e dovrebbero essere motivo sufficiente per qualsiasi politico che abbia ancora un po' a cuore gli interessi dei propri elettori, e non solo quelli di Big Pharma e della propria posizione, per intervenire e fermare immediatamente la somministrazione di queste iniezioni sperimentali di manipolazione genetica travestite da "vaccinazioni".

Speriamo che avvenga un miracolo, e che il sistema immunitario di milioni di vaxxers si riprenda spontaneamente con la massima urgenza. In caso contrario, potremmo essere alla vigilia di un disastro sanitario inimmaginabile che travolgerà completamente la nostra assistenza medica, e che potrebbe essere sfruttato dalle autorità per introdurre la più dura e disumana dittatura che abbiamo mai conosciuto nella nostra storia.

Secondo i ricercatori, la variante VB dell'HIV, ora scoperta, sarebbe rimasta inosservata nell'UE per più di due decenni. Questa sarebbe stata trovata improvvisamente sulla base del database dei pazienti con HIV, e una dozzina di casi esistenti con carica virale insolitamente alta.

Davvero? In mezzo alle prove sempre più evidenti di un'imminente epidemia di Vax-HIV, viene scoperta "accidentalmente" una nuova variante virulenta nel top-vax EU, che si suppone esista dagli anni '90? Con corona (che i migliori scienziati hanno già detto nella prima metà del 2020 che contiene chiari elementi di HIV, che potrebbero essere stati distribuiti solo in un laboratorio*) non dovrebbe ovviamente avere nulla a che fare, tanto meno con le iniezioni di Covid.

Morti giornaliere?

In un solo database sono già stati registrati 3,2 MILIONI di casi con presunti effetti collaterali "rari" - I politici che continuano a imporre questi "vaccini" sono in realtà dei criminali pericolosi per la vita solo alla luce di questi numeri?

Le cifre del database ufficiale dell'OMS di Uppsala, in Svezia, confermano ancora una volta la carneficina causata dalle iniezioni di manipolazione genetica Covid-19. Nelle ultime settimane, 68 persone stanno morendo ogni giorno a causa di questi "vaccini". Inoltre, sono già stati registrati 3,2 milioni di casi di vaxxers con presunti effetti collaterali "rari". Se poi si considera che non è assolutamente chiaro fino a che punto questo database dell'OMS contenga le cifre altrettanto scioccanti dell'EMA europeo (EudraVigilance) e del VAERS americano, allora si può tranquillamente supporre che il numero reale di vittime di questo vaxxicidio (genocidio vaccinale) sia molto più alto.

Ciò che colpisce del database dell'OMS è che anch'esso consiste in un enorme numero di categorie in cui sono divise le vittime dei vax. Un effetto collaterale "principale" come la "menomazione" è sempre suddiviso in molte sottodiagnosi che in realtà equivalgono alla stessa cosa. Il motivo per cui questo viene fatto è ovvio; per mantenere i numeri visivamente più bassi possibile, il che ha un antico effetto psicologico fuorviante. Considerate Action, per esempio; la maggior parte degli articoli ha un prezzo così basso che i clienti riempiono rapidamente il loro intero carrello. Dopo tutto, "è tutto così economico". Alla cassa, escono improvvisamente con una somma considerevole.

I database creano un falso senso di sicurezza

Se qualcuno volesse studiare tutte le malattie e le condizioni che rientrano nelle categorie menzionate, ci vorrebbero mesi. Quindi, anche se le autorità volessero controllare da vicino la presunta "sicurezza" dei "vaccini" di manipolazione genetica Covid, non sarebbero in grado di farlo, data la gigantesca quantità di dati e il modo in cui sono stati compilati.

Così, questi database sembrano essere progettati principalmente per dare al pubblico la falsa impressione che tutto sia monitorato correttamente. In realtà, nessuno controlla affatto la sicurezza delle iniezioni di Covid-19, perché nessuno può farlo.

Tenete presente che gli effetti collaterali riportati provengono principalmente da personale medico indipendente e/o coscienzioso, e non da coloro che sono pagati, direttamente o indirettamente, per vendere questi "vaccini" come "sicuri" ed "efficaci" al pubblico. Questo è uno dei motivi principali per cui il database europeo EMA/EudraVigilance contiene solo il 6% del numero reale di vittime, e il database americano VAERS solo l'1%. La segnalazione degli effetti collaterali è fortemente scoraggiata e resa quasi impossibile per i

medici in molti modi (come la somministrazione
estremamente alta per caso).

La sofferenza umana è deliberatamente coperta

Anche nel database dell'OMS la ricerca di casi concreti,
cioè di sofferenze umane concrete, è vana. Quasi tutto
è nascosto sotto termini freddi, medici o scientifici che
non hanno senso per la maggior parte delle persone.
Questo crea deliberatamente una distanza tra gli effetti
collaterali e le vittime, che vengono così essenzialmente
disumanizzate. Come se non fossero altro che
"sfortuna", niente di più che fastidiosi "numeri", e non
persone che sono state sane o che hanno vissuto.

Prendete, per esempio, due recenti autopsie su due
adolescenti morti improvvisamente nel sonno per
miocardite acuta, un effetto collaterale riconosciuto
delle iniezioni di Covid (in questo caso della Pfizer).
Dove si può trovare nel database che i cuori di due
giovani sani del nucleo sono stati fatalmente
danneggiati da queste iniezioni di manipolazione
genetica della Pfizer? Da nessuna parte.

Grafici basati su cifre ufficiali inequivocabili

Ciò non significa che non ci siano informazioni utili da
ricavare da questa banda di dati. L'imprenditore e
analista Erik Boomsma lo ha fatto prima con l'europeo
EudraVigilance, scavando tutto - un lavoro enorme. Un
team di ScienceFiles ha fatto lo stesso con il database
dell'OMS, principalmente per vedere se c'è davvero un

legame statistico tra il numero crescente di persone che sono state "vaccinate" e il numero sempre crescente di segnalazioni di reazioni avverse.

E in effetti, anche in queste settimane i segni sono inequivocabili, e ci sono numerose malattie del sangue, malattie cardiache, disturbi autoimmuni (come la sindrome di Guillain-Barré) e gravi malattie attribuite al 'Covid-19' che sono il risultato diretto di queste iniezioni di manipolazione genetica 'vaccinale'.
Questi aumenti sproporzionati sono un'indicazione forte e innegabile che c'è un legame causale diretto con il numero sempre crescente di persone che sono state iniettate nell'ultimo anno. Nell'ultima settimana, sono stati aggiunti 53.392 rapporti di persone con una o più reazioni avverse a seguito di un "vaccino" Covid-19, portando il numero totale nel solo database dell'OMS a 3.258.829. 19.222 di queste persone registrate sono morte. Nelle ultime settimane, una media di 68 persone sono morte ogni giorno a causa di un "vaccino" Covid.

Vaxxicide

Se applichiamo le percentuali di Eudravigilance (6%) e del VAERS (1%), stabilite da ricerche universitarie indipendenti, al numero di morti nel database dell'OMS, arriviamo a un numero effettivo di morti per il Covid vax di 320.367 e 1.922.200 rispettivamente.

Possiamo quindi affermare con sicurezza che in poco più di 1 anno diverse centinaia di migliaia di persone sono state certamente uccise con queste iniezioni di manipolazione genetica. Per non parlare del numero molte volte maggiore di persone che hanno subito effetti collaterali e malattie gravi, spesso permanenti.

Ma se poi chiami questo un vaxxicidio (genocidio di vaccini), allora sei un "pensatore cospirativo", un "pazzo". Mi dispiace, ma a differenza della politica e dei media mainstream, non riesco a vedere nemmeno un essere umano insensato ucciso con falsi pretesti come "danno collaterale". Ogni persona che, sotto grande pressione del governo, del datore di lavoro o della società, si è lasciata ingannare a fare un'iniezione contro un comune virus respiratorio, di cui certamente l'ultima variante è appena percettibile, è un dramma inutile che poteva e doveva essere evitato.

E un'altra famiglia distrutta

Dopo tutto, sarebbe solo il tuo partner, tuo figlio, un tuo amico o un membro della tua famiglia. Prendete, per esempio, la canadese Chantelle Watt, il cui marito 34enne, perfettamente sano, è improvvisamente morto non molto tempo dopo le sue iniezioni di Covid in presenza dei loro due figli piccoli.

Sui social media, Chantelle - come il 90% del resto delle persone che hanno automaticamente creduto alle bugie del governo - era ancora una forte sostenitrice di chiusure, vaccinazioni e altre misure. Fino a quando suo marito è morto, e dopo l'autopsia è stato rivelato che il suo cuore era stato improvvisamente completamente distrutto in un breve periodo di tempo. Non ci volle molto tempo perché si rendesse conto che gli anti-vaxers avevano sempre avuto ragione:

Ero una pecora. Lo ammetto senza mezzi termini. Io e Brandon credevamo fortemente nel vaccino e guardavamo con compiacimento i manifestanti, i teorici della cospirazione e tutti i messaggi anti-vax. A partire dal 5 novembre, i miei occhi si sono aperti. Lo devo a Brandon di condividere perché credo che ora sia morto. Cosa lo ha ucciso e perché le sue figlie ora non hanno un padre".

Il suo cuore era enormemente danneggiato. C'era così tanto tessuto cicatriziale che non poteva letteralmente battere. Non avevo alcuna possibilità di rianimarlo". Il rapporto ufficiale affermava che tutto il suo cuore era danneggiato - non solo un ventricolo o una zona - da cima a fondo. Completamente attaccato, per diversi mesi. Il virus che lo ha ucciso era probabilmente il vaccino mRNA".

Come si può chiamare un governo, un parlamento, un istituto scientifico, un ente mediatico e tutti gli altri - come gli esecutori che mettono queste siringhe nelle persone - che negano o minimizzano queste cifre scioccanti e queste tragedie umane, e al contrario continuano a chiedere con grande coercizione che a tutti vengano iniettate le stesse sostanze mortali, altro che

criminali?

Assassini di massa?

O almeno complici?

La caduta di Trudeau?

Questa non è solo una lotta contro Trudeau. Lui prende ordini dal WEF, come l'Australia, la Nuova Zelanda e l'Europa. Questa è una lotta per la libertà dei popoli".

Sia gli amici che i nemici si sono meravigliati nelle ultime settimane di come il primo ministro canadese Justin Trudeau abbia perso incredibilmente velocemente il coraggio per la massiccia protesta dei camionisti. Con risposte assurde, come etichettare i camionisti come "nazisti, antisemiti e omofobi", e insistendo che erano una "piccola minoranza" mentre il convoglio di camionisti stava battendo tutti i record, si stava rendendo sempre più incredibile e impossibile da guardare su base giornaliera. Anche nel suo stesso partito, le cose cominciano ora a brontolare. Il modello AI dell'economista americano Martin Armstrong aveva previsto una "crisi di panico" in politica nel 2022 anni fa, con il Canada in testa. Il momento della caduta di Trudeau è davvero vicino, e se è così: quanti lacchè e galoppini di Klaus Schwab - pensiamo anche al nostro regime nazionale WEF Rutte/Kaag - seguiranno?

Come economista di punta riconosciuto a livello internazionale, Armstrong ha personalmente stretto la mano a Schwab e lo ha guardato negli occhi, scrive. 'Dubito che molte persone che parlano di lui capiscano la vera natura della sua agenda'. Trudeau ha iniziato a seguire gli ordini di Schwab nel 2018, e lo stesso si può dire di molti altri leader occidentali, come Rutte e Kaag.

In questo contesto, Armstrong indica un video del WEF in cui il primo ministro australiano Morrison promette di distruggere l'economia con blocchi rocciosi in modo che Schwab possa far passare brutalmente la sua 'economia degli stakeholder', il 'cambiamento climatico' e la fine di tutte le cose 'fossili' (= prosperità e libertà).

Nessuno è eletto per realizzare il Grande Reset

Queste persone elette NON rappresentano il popolo", ha continuato Armstrong. NESSUNO ha fatto una campagna con questo programma (Great Reset / Build Back Better). Per essere eletti mentono, e poi prendono ordini dal World Economic Forum. Tutti i paesi che hanno oppresso il loro popolo più duramente con questo (chiusure di Covid, restrizioni di allontanamento sociale, vaccinazioni forzate, ecc) sono controllati da Schwab!

Schwab cerca con tutte le sue forze di imporre le sue teorie economiche (marxiste) al mondo, e lo fa in un modo molto più diretto di Karl Marx. Come i comunisti, l'uomo di punta del WEF vuole ottenere il controllo totale su tutte le aziende, e iniziare a decidere cosa possono/devono produrre, quanto, a quali condizioni, e se devono continuare ad esistere del tutto.

Fondi pensione prosciugati per progetti climatici senza senso

Una parte importante di questo è il completo prosciugamento dei fondi pensione. Quelli dei Paesi

Bassi erano di gran lunga i più ricchi d'Europa, ma sono stati sapientemente consegnati dal regime di Rutte - e in gran parte non visti dai media e dal popolo - all'UE e al WEF per sostenere l'euro e per finanziare l'altrettanto costosa e devastante agenda climatica, che deve portare a una dittatura comunista del Superstato europeo.

Le pensioni australiane stanno ora subendo lo stesso destino. Il più grande fondo pensionistico, secondo il Financial Times, "investirà" 27,3 miliardi di euro in Gran Bretagna e nell'UE, secondo Armstrong puramente "in progetti in perdita (= progetti clima/energia verde), al fine di aiutare l'Europa al collasso e ignorare la propria gente. Naturalmente ci mettono un altro punto di vista, ma non c'è motivo di investire in Europa ora che è in gravi problemi (finanziari-economici)".

La presa di Schwab sui paesi deve essere spezzata

I camionisti canadesi hanno un ottimo tempismo, continua l'economista. Hanno bisogno di rompere la presa che Schwab ha sulla gola del Canada (e dei Paesi Bassi)". Nel frattempo, la protesta dei camionisti si è estesa ulteriormente. Per esempio, le società di rimorchio si rifiutano di lavorare per il governo e rimorchiare i camionisti. Devono mettere in ginocchio il governo'. Anche il suo stesso partito sta iniziando a dare un giro di vite. Trudeau è debole e sciocco ad ascoltare Schwab, che non si preoccupa affatto del suo futuro. Tutto ciò che importa a Schwab è imporre le sue teorie economiche al mondo intero".

Questa NON è solo una lotta contro Trudeau. Lui prende ordini dal WEF, come l'Australia, la Nuova Zelanda e l'Europa. Questa è una lotta per la libertà dei popoli".

Quelli che sostengono persone come Biden e Trudeau (e Rutte, Kaag e Timmermans) non hanno idea. Sono pecore che rifiutano di aprire gli occhi sul fatto che questa è una seria cospirazione internazionale per imporre la filosofia economica di un uomo terribilmente malato con mezzi antidemocratici. Questa non è una teoria del complotto. Questa è la migliore cospirazione organizzata per conquistare il mondo, che va ben oltre qualsiasi cosa mai vista nei film di James Bond".

La stessa strategia è stata usata a suo tempo per introdurre l'euro, la moneta che sarebbe stata rifiutata da tutti i popoli europei se fosse stata sottoposta a un referendum.

Il cancelliere tedesco Helmut Kohl ammise in seguito con rammarico che avrebbe perso un tale referendum con il 70% delle persone che votavano contro, e quindi introdusse l'euro per ragioni puramente ideologiche (il prossimo passo verso un Superstato europeo).

Ma "il crollo dell'euro è probabilmente inevitabile intorno al 2026/2027", avverte Armstrong. 'Con esattamente la stessa strategia, questi leader mondiali stanno ora cercando di far passare l'agenda 2030 (Grande Reset) di Schwab, senza MAI permettere al popolo di votare su di essa, o addirittura rendersi conto che questa agenda esiste.

La chiamano teoria della cospirazione, in modo che la gente rimanga cieca di fronte allo stesso concetto e alla stessa strategia che ha creato l'euro".

I giornalisti che lo sostengono sono marxisti e traditori

Qualsiasi giornalista che neghi questa agenda è, secondo lui, un marxista travestito. Non hanno alcun rispetto per il nostro futuro, per i nostri diritti umani e per tutto ciò che è degno di essere vissuto. Siamo nati con diritti inalienabili (come il diritto all'autodeterminazione sul nostro corpo e sulla nostra salute, che ora viene calpestato), non per essere schiavi economici sotto un potere centrale". I giornalisti che sono dietro l'agenda del WEF, poi, lui chiama "traditori".

Questa è una cospirazione per renderci schiavi delle teorie economiche squilibrate di un uomo che ha indottrinato il mondo in modi straordinariamente intelligenti", conclude Armstrong. 'E l'ho guardato negli occhi faccia a faccia. La maggior parte dei commentatori non può dirlo".

Bankrun in Canada?

Prossima fase colpo di stato Forum economico mondiale contro l'Occidente lanciato in Canada

Il primo ministro canadese di sinistra e liberale Justin Trudeau si è finalmente rivelato un dittatore fascista duro come la roccia, dichiarando la legge marziale contro le proteste dei camionisti, perfettamente pacifiche e ampiamente sostenute. La sua decisione estrema che il governo può ora sequestrare i conti bancari delle persone in qualsiasi momento senza un ordine del tribunale sembra aver causato un'immediata corsa in banca nel paese, secondo alcuni rapporti non ancora confermati.

Secondo numerosi post sui social media, così tanto denaro è stato prelevato dalle banche che i siti web di tutte le maggiori banche del Canada (Royal Bank, Bank of Montreal e CIBC Bank) sono tutti offline in questo momento.

'Tornando a casa, mi sono fermato in banca per prelevare tutti i miei soldi, tranne quelli sufficienti per gli addebiti diretti come l'assicurazione', ha scritto qualcuno su Twitter. 'Ho sentito la coppia davanti a me, dell'Europa dell'Est, richiedere anche centinaia di migliaia di euro. Solo due clienti, quasi mezzo milione. Buon lavoro, junior!

Ora che il regime canadese è diventato una tirannia totalmente senza legge e ha effettivamente messo fuori

legge il popolo, i cittadini non si fidano più dei loro
governi e delle loro banche. Giustamente, molti
pensano che se il governo può semplicemente
confiscare il denaro raccolto per i camionisti e bloccare i
loro conti, lo stesso può accadere a loro se osano
dissentire da Trudeau.

I canadesi, tra l'altro, non sono più autorizzati a lasciare
liberamente il paese. Anche questo è permesso solo se
tutte le rigide regole di Trudeau sono rispettate. I social
media sono ora rigorosamente censurati proprio come
in Cina. La libertà di espressione è completamente
scomparsa - tranne, naturalmente, per coloro che
proclamano l'"opinione" di Trudeau.

Presto anche l'UE e gli USA se il WEF farà il suo corso

Quello che sta accadendo in Canada, cioè il prossimo
passo del colpo di stato del World Economic Forum di
Klaus Schwab, ostile all'uomo, può essere previsto a
breve e medio termine anche negli Stati Uniti e
nell'Unione Europea. Dopo tutto, lo slogan del WEF
recita:

'Non possiedi nulla'.

E quel "niente" include, oltre alle vostre finanze e ai
vostri beni, TUTTE le vostre libertà e il controllo,
compreso il diritto di decidere del vostro corpo e della
vostra salute.

Potete dimenticare la parte "sarete felici". Gli unici che saranno felici di questo sono gli attuali potenti, con Klaus Schwab, Bill Gates e George Soros in prima linea, più tutti i loro lacchè nella politica nazionale e internazionale.

Il Canada è stato ora "scelto" per inaugurare una nuova fase verso la dittatura comunista più dura e disumana che questo pianeta abbia mai conosciuto. Posso dirvi che questo potrebbe accadere anche nei Paesi Bassi se i cittadini, le aziende, le istituzioni e le forze dell'ordine non si sollevano pacificamente in massa e dicono NO a questa deliberata distruzione di tutto ciò che è stato costruito dopo la seconda guerra mondiale.

Inoltre, chi crede - tranne gli utili idioti e tutti i profittatori di questi stati malati - alle vuote promesse quotidiane dei 'nostri' leader? Ho sentito tante persone che si sono ammalate rabbiosamente dopo l'iniezione di richiamo, per le quali questa è davvero l'ultima goccia della loro ultima fede. 'Non ha aiutato per niente! Hanno solo mentito. Con me la siringa non tornerà più!'. Oppure 'Ho fatto quattro test di fila; due erano positivi, due negativi. Possono stare a guardare con la loro quarantena, tutto questo non ha più senso".

In Europa, la guerra con la Russia sembra diventare il pretesto per far passare il Grande Reset una volta per tutte - Rinvio?

Come abbiamo scritto molte volte, i governi occidentali in bancarotta stanno disperatamente cercando pretesti come la plandemia di Covid per imporre la dittatura comunista del "Grande Reset" nei loro paesi. Abbiamo anche regolarmente avvertito che le proteste su larga scala - sia spontanee che orchestrate - possono essere usate come pretesto per dichiarare lo stato d'assedio al fine di far passare il WEF Reset una volta per tutte.

Infatti, questo sembra ora essere ciò che sta per accadere con il Convoglio della Libertà in Canada, di cui abbiamo riferito con cautela fin dall'inizio. Il primo ministro Justin Trudeau sta infatti considerando di dichiarare la legge marziale. In Europa, una guerra a bandiera falsa con la Russia sarebbe l'occasione perfetta per i nostri governi per schiacciare i nostri ultimi brandelli di libertà. In altre parole, il colpo di mazza di cui abbiamo avvertito molte volte sembra essere in arrivo.

Si dice che il tiranno canadese abbia convocato il suo gabinetto ieri sera per la possibile attivazione dell'Emergencies Act, rendendo lo stato di emergenza / stato d'assedio una realtà.

69

Oggi ne parlerebbe con tutti i primi ministri. Se sono d'accordo, allora Trudeau potrebbe usare la forza estrema per porre fine al Convoglio della Libertà, che è stato completamente pacifico, che non ha danneggiato nulla e che gode di un sostegno popolare schiacciante.

Le leggi d'emergenza "temporanee" non vanno mai via da sole

Dal 2020, abbiamo potuto vedere cosa succede alle cosiddette leggi d'emergenza "temporanee": non vanno mai via. Se Trudeau dovesse davvero far sprofondare il suo paese nella legge marziale, allora al popolo canadese resta solo una cosa da fare per riconquistare la propria libertà: cercare di deporlo con tutti i mezzi possibili.

Sfortunatamente, anche una tale rivolta popolare sembra fare il suo gioco - a meno che la resistenza sia così massiccia e unita che anche la polizia e l'esercito si schierino con i cittadini.

Parigi: Gas lacrimogeni contro manifestanti pacifici

In Francia, come parte della variante europea del Convoglio della Libertà - finora una pallida ombra dell'originale canadese - manifestazioni di massa sono state trattate con gas lacrimogeni a Parigi, con famiglie innocenti sedute sulle terrazze che sono diventate anch'esse vittime. Il compagno dittatore di Trudeau, Emanuel Macron, molto probabilmente si starà

fregando le mani, perché questo gli darà un'altra arma
per dichiarare lo stato anche in Francia.

71

Migrazioni di New York?

La città di "Lady Liberty" si trasforma rapidamente in un inferno totalitario del World Economic Forum

Ogni giorno 1300 persone abbandonano la sinistra-liberale New York e partono per la destra Florida, dove non ci sono quasi misure di protezione e la libertà esiste ancora. New York è uno degli esempi da manuale della dittatura totalitaria del "Grande Reset" che il World Economic Forum di Klaus Schwab sta cercando di imporre al mondo intero, ma soprattutto all'Occidente.

Il governatore Kathy Hochul ha proposto nuovi "regolamenti" intorno a Natale che possono essere definiti a dir poco tirannici, e che il Consiglio di Salute Pubblica dello Stato voterà presto. Se è d'accordo, la posta in gioco è alta, poiché le persone possono essere arbitrariamente arrestate per strada, e i bambini a scuola possono essere vaccinati forzatamente senza il consenso dei genitori.

Il sindaco Eric Adams ha già licenziato più di 1.400 dipendenti pubblici, poliziotti, vigili del fuoco e oltre 900 insegnanti per aver rifiutato di farsi iniettare. Nel frattempo, ovunque tu vada a New York, vieni immediatamente trattato in modo aggressivo da autoproclamati BOA e altri dipendenti "Vaxxistasi" rispettosi della legge, non appena osi lasciare giù il paradenti per qualche secondo di troppo dopo aver bevuto un sorso del tuo drink.

Le rapine a mano armata stanno avvenendo in pieno giorno in quartieri e strade precedentemente sicuri. A Soho, una costosa boutique è stata presa d'assalto e derubata di circa 50.000 dollari.

Vaccinazioni forzate dei bambini nelle scuole

E questo è solo l'inizio della miseria, dato che i nuovi regolamenti Covid del governatore Kathy Hochul stanno per essere implementati. Senza che i parlamentari possano votarla, il Consiglio di Salute Pubblica sta ora considerando una legge estrema che permetterà allo stato di etichettare arbitrariamente CHIUNQUE un "pericolo per la salute" e arrestarlo. Inoltre, gli arrestati non hanno più alcun diritto. I "dissidenti" - compresi i manifestanti per la libertà - possono quindi essere arrestati e imprigionati senza processo.

Inoltre, il governatore può rendere obbligatorio l'uso permanente di maschere per la bocca e vietare tutte le visite alle case di cura.

Inoltre, le scuole saranno autorizzate a "vaccinare" forzatamente gli studenti senza il consenso dei genitori, e quindi a iniettare loro le pericolose iniezioni di manipolazione genetica Covid-19 che hanno dimostrato di essere una minaccia. Inoltre, il Consiglio dei Reggenti dello Stato di New York sta per votare su un obbligo di vaccinazione generale per tutti.

Schwab usa la salute ovunque come mezzo per imporre il marxismo

73

New York sta scendendo in un pandemonio totale",
conclude l'economista americano Martin Armstrong .
Questo fa parte dell'agenda di Schwab - usare la salute
come mezzo per imporre il marxismo". Ecco di nuovo
l'immagine autentica di Schwab nel suo ufficio, dove ha
una statua di Lenin.

E da quest'uomo il regime olandese VVD66 sta ora
implementando la sua completa agenda 'Grande Reset'
/ 'Costruire indietro meglio', che sta anche
trasformando il nostro paese passo dopo passo in una
dittatura totalitaria clima-vaccinazione in cui 'non
possiedi nulla' (ma il governo / banche / complesso
farmaceutico tutto, anche il TUO corpo e la TUA salute).

**Il WEF può essere etichettato come un'organizzazione
terroristica**

Armstrong chiama quindi il WEF una "entità straniera il
cui obiettivo manifesto è il controllo totale del mondo e
il rovesciamento degli Stati Uniti" (così come le
democrazie europee, nella misura in cui sono ancora
degne di questa denominazione).

Contribuire e attuare l'agenda WEF-Great Reset
equivale quindi a un tradimento del popolo e della
nazione, i cui responsabili nella politica, nelle istituzioni,
nella scienza e nella sanità dovrebbero essere
processati da un tribunale militare.

È quindi abbastanza concepibile che il WEF sia ufficialmente etichettato come un'organizzazione terroristica internazionale che è molte volte più pericolosa di ISIS, Al Qaeda, Hezbollah e tutti gli altri gruppi estremisti islamici messi insieme.

Rilevatore di fotoni sviluppato

Radarchip può più tardi essere costruito in smartphone - Nuova tecnologia contribuisce a smart grid che trasforma il nostro intero pianeta in una gigantesca prigione digitale da cui è impossibile fuggire.

Mentre in alcuni paesi le misure Covid vengono allentate - molto probabilmente solo temporaneamente - o addirittura revocate, il lavoro di costruzione di una società totalitaria transumana (bio)controllata continua senza sosta. Gli scienziati dell'Università di Sydney stanno sviluppando un radar a fotoni, che può essere usato per scansionare oggetti e anche corpi umani a grandi distanze.

Il dispositivo, che funziona non con onde radio ma con onde luminose, è così sensibile con la sua altissima risoluzione (1,3 centimetri) che può rilevare la posizione, la velocità e la posizione (angolo) con una precisione di centimetri. In combinazione con la nanotecnologia 5G iniettata tramite "vaccini", può essere utilizzato per impostare un sistema di controllo stagno da cui niente o nessuno potrà mai sfuggire.

Il "radar fotonico avanzato" può, per esempio, monitorare continuamente se qualcuno sta respirando e quanto è alta la frequenza cardiaca di qualcuno. La tecnologia può quindi essere utilizzata anche negli ospedali.

Un radar può quindi monitorare tutti i pazienti simultaneamente (così come tutti gli altri nell'ospedale). Il collegamento fisico al proprio monitor esterno non sarà quindi più necessario per tutti i pazienti.

Radar basato su onde luminose

I sistemi radar tradizionali lavorano con onde radio di diverse frequenze. Più alta è la frequenza, più dettagliato è l'oggetto - per esempio, un aereo - che può essere ripreso. Tuttavia, i radar ad alta larghezza di banda sono complessi e molto costosi.

Il team australiano ha trovato una soluzione per questo: un radar basato sulle onde luminose. 'Usiamo effettivamente un trucco fotonico per generare un radar con una larghezza di banda così elevata, senza la necessità di un'elettronica molto veloce', ha spiegato il professor Benjamin Eggleton, ricercatore principale e direttore del Nano Institute dell'Università di Sydney. E questa è la magia".

Il radar a fotoni, che ha un'altissima risoluzione di 1,3 centimetri, si dice che sia innocuo per gli esseri umani e gli animali, ed è stato testato prima sui rospi. Se la tecnologia è ritenuta sicura, i test sugli esseri umani seguiranno. Una volta sviluppato un prototipo avanzato, una versione mini potrebbe essere messa negli smartphone, sostengono gli scienziati.

Fuga dalla smart grid in costruzione impossibile

Insieme alla 'smart grid' 5G (più tardi 6G) che si sta
costruendo in tutto il mondo e alla nanotecnologia
iniettata in miliardi di persone tramite 'vaccini', il
mondo intero, compresi tutti gli oggetti e tutte le
persone, sarà presto monitorato, controllato e persino
diretto o 'corretto' in tempo reale da sistemi A.I.
L'intero pianeta diventerà così una grande prigione
digitale permanente in cui non ci sarà più alcuna forma
di privacy, e la 'libertà' sarà vincolata da regole molto
severe.

In termini metafisici, si potrebbe anche concludere che
si sta creando una specie di 'dio': 'Vedo tutto e in ogni
momento, e so esattamente cosa state facendo e
pensando'.

La tecnologia che permette di leggere e controllare i
pensieri è stata in sviluppo per anni (vedi, tra gli altri, il
nostro articolo del 23 dicembre 2021: Corte condanna
professore di Harvard con brevetto su 5G controllo
mente nanotech che può essere iniettato con vaccini),
così come i sistemi 'pre crimine' che potrebbero
prevedere se e dove qualcuno commetterà un crimine.

In ogni caso, l'obbedienza assoluta ('adorazione') di
questo 'dio' A.I. sarà presto molto facile da imporre -
tranne per coloro che non si sono lasciati
iniettare/manipolare geneticamente, e rifiutano senza
riserve di essere inclusi in questa 'griglia'. Saranno
bollati come dissidenti indesiderati, e sono già in
pericolo di essere rimossi dalla società (= questa vita)
con i metodi più duri possibili entro pochi anni.

Chi metterà fine a questa élite globalista?

In ogni caso, il Pentagono si sta già fregando le mani di gioia per il nuovo radar fotonico, perché sicuramente non pensate che questa meravigliosa tecnologia sarà utilizzata su larga scala a beneficio dell'umanità? Questo potrebbe accadere solo quando questa completa élite di potere globalista anti-umana Rockefeller-Rothschild, con i suoi infami capi Bill Gates, Klaus Schwab e George Soros, insieme alle loro istituzioni come il WEF, l'ONU/OMS, l'IPCC, la NATO e il FMI, saranno stati rimossi dalla scena.

Ma chi lo farà, ora che praticamente ogni governo e amministrazione - specialmente gli olandesi - è completamente in loro potere e balla al loro ritmo? Forse si può trarre qualche speranza dal fatto che questo club sfrenatamente avido e completamente corrotto di amministratori nazionali e internazionali è ora guidato puramente dall'inganno, dalle bugie, dall'inganno e dal tradimento, e per questo motivo non ci sarà una vera fiducia tra loro.

Perciò penso che prima o poi i globalisti si rivolteranno gli uni contro gli altri e si attaccheranno come bestie feroci. Temo solo che questo sarà accompagnato da guerre terribili e da un numero inimmaginabile di vittime se i popoli non riusciranno a riconquistare la loro libertà e autodeterminazione in un tempo molto breve.

Super acceleratore di particelle presumibilmente usato per la manipolazione del tempo e i tentativi di cambiare la linea temporale, secondo alcune teorie.

Mentre tutti sono stati distratti dalla guerra in Ucraina, la paura di una terza guerra mondiale con la Russia, e l'imminente crollo finanziario che metterà in moto la "Grande Distruzione" e poi il "Grande Reset" per installare una dittatura globale totalitaria del clima-vaccino, qualcosa è accaduto sullo sfondo che fornisce foraggio per la vecchia e nuova speculazione sull'apertura di portali per altre dimensioni.

Infatti, il Large Hadron Collider del CERN (Consiglio europeo per la ricerca nucleare) è stato riavviato. Situato al confine tra Svizzera e Francia, questo più grande acceleratore di superparticelle del mondo è più potente che mai dopo un aggiornamento di 3 anni. Secondo alcune teorie, il collisore è stato usato per diversi anni per tentare di manipolare il tempo, e anche per cambiare la linea del tempo.

Scoperte spettacolari

L'LHC da 7,5 miliardi di euro, di gran lunga lo strumento scientifico più costoso al mondo, è stato costruito tra il 1998 e il 2008, raggiungendo un'energia inimmaginabile di 13 TeV (teraelettronvolt) nel 2015. Gli scienziati del CERN hanno condotto con esso esperimenti di particelle uniche dal 2009-2010 e hanno scoperto diverse cose sorprendenti nel corso degli anni, tra cui il famoso bosone di Higgs ("particella di Dio") nel 2012.

I fisici dell'esperimento LHCb hanno scoperto l'anno scorso che la realtà è probabilmente strutturata diversamente da come pensiamo. I risultati dell'esperimento di fisica delle alte energie (hep-ex) "Test of Lepton universality in beauty-quark decay" si riducono più o meno al fatto che la natura sembra avere una (quinta) forza fondamentale sconosciuta, che minerebbe il modello standard usato finora.

A gennaio, l'LHCb ha rilevato le cosiddette particelle X dei primissimi secondi della nascita dell'universo. Questo è stato chiamato "una delle più grandi scoperte scientifiche recenti".

Nel 2025 inizierà il progetto High-Luminosity LHC (HL-LHC), destinato a rendere l'acceleratore ancora più efficiente per raccogliere più dati dagli esperimenti. Per inciso, nel 2019 il CERN ha presentato il progetto di un acceleratore di particelle ancora più grande, il Future Circular Collider da 100 chilometri, che dovrebbe costare circa 10 miliardi. In confronto, l'LHC è lungo "solo" 27 chilometri.

Esperimenti di manipolazione del tempo

Poiché il CERN ha precedentemente condotto esperimenti creando nuvole artificiali per comprendere meglio il cambiamento climatico, alcuni sostengono che la "macchina" viene segretamente utilizzata per manipolare il tempo.

Macchina dell'apocalisse?

Le speculazioni fantascientifiche secondo cui l'enorme acceleratore di particelle circolare potrebbe essere usato per aprire buchi neri distruttivi o, al contrario, portali verso altre dimensioni, sono solitamente derise dagli scienziati.

Tuttavia, all'epoca un gruppo di scienziati ha cercato di impedire la messa in funzione della "macchina dell'apocalisse" LHC, perché gli esperimenti potrebbero produrre i cosiddetti "buchi neri", che nel caso peggiore potrebbero "inghiottire" completamente la terra in 4 anni. Il tentativo fallì, ma tuttavia il collisore dovette presto essere spento a causa di problemi tecnici.

Uno scienziato del CERN suggerisce la porta per un'altra dimensione

Dopo la falsa partenza nel 2008, il Large Hadron Collider è stato messo online nel 2009. Quando un inspiegabile fenomeno simile a una spirale fu filmato nel cielo notturno in Norvegia nel dicembre di quell'anno, alcune persone lo collegarono all'avvio dell'acceleratore di particelle a Ginevra.

Ogni sorta di teorie selvagge è emersa al riguardo; per esempio, si diceva che il dispositivo fosse in realtà un gigantesco "Stargate", una porta verso un'altra dimensione da cui gli alieni o altre entità potevano eventualmente emergere.

Inizialmente, tali storie non sono state prese sul serio da nessuno, fino a quando lo scienziato del CERN Sergio Bertolucci ha stupito amici e nemici nel 2010 con la sua dichiarazione che il collisore potrebbe davvero aprire una porta verso un'altra dimensione "da cui qualcosa potrebbe emergere", secondo la sua descrizione letterale.
Più tardi si dice che - forse sotto pressione - abbia minimizzato la sua dichiarazione affermando che con "qualcosa" intendeva solo nuove particelle sconosciute.

Alla fine del 2010 l'acceleratore ha fatto di nuovo notizia, quando documenti interni del CERN hanno rivelato che il rischio di rilascio di particelle subatomiche pericolose durante gli esperimenti era molto più alto di quanto ammesso ufficialmente.

Il premio Nobel Dr. Frank Wilczek ha anche avvertito che il collisore potrebbe produrre i cosiddetti strangelets negativi che farebbero contrarre il nostro intero pianeta in una palla ultra-densa di soli 15 chilometri di spessore. Il CERN ha notato che ha costruito un dispositivo speciale, il CASTOR, per rilevare questi strangelets.

Ritorno Annunaki, il diavolo o l'anticristo?

Di fronte all'edificio principale del CERN - che ha "666(/6)" nel suo logo - c'è una statua della divinità indù

Shiva, il dio del tempo, della distruzione e della trasformazione. Questa immagine religiosa è detta da alcuni per simboleggiare gli sforzi segreti del CERN per aprire altre dimensioni, e in particolare per aprire un "portale" per il ritorno degli Annunaki (una razza aliena, secondo gli esoterici) sulla Terra.

Altri pensavano (pensano) che la 'macchina' aprirà in realtà una 'porta' per gli 'inferi', le dimore dimensionali di esseri oscuri chiamati 'demoni' e 'diavoli' nella Bibbia.

Nei circoli cristiani dell'epoca, girava la storia che il diavolo / Lucifero, 'l'anticristo' e/o il suo 'spirito' sarebbe emerso dal portale, dopo di che avrebbe preso il potere sul mondo intero. Dato che questo non sembra essere ancora accaduto, queste vecchie speculazioni saranno probabilmente riprese con il riavvio dell'LHC.

Altre linee del mondo/tempo

Un'altra teoria "fantastica" è che una forma di viaggio nel tempo sarebbe stata scoperta con l'LHC. All'inizio di questo secolo, un certo John Titor è apparso su canali alternativi sostenendo di essere un viaggiatore del tempo del 2036. Ha detto che l'LHC avrebbe portato alla scoperta di altre "linee del mondo" (linee del tempo), e quindi una forma di viaggio nel tempo. Ha anche predetto cose come la guerra nucleare, che (finora) non si sono verificate.

Nel 2009, Titor è stato presumibilmente smascherato come una bufala, ma tuttavia, l'insegna militare che avrebbe portato dal futuro ricorda la schermata di caricamento del sito web del CERN nel 2019, che aveva parecchie somiglianze con esso.

Ingannatore o no, fisici matematici come Irini Aref'eva e Igo Volovich hanno suggerito che ad un certo punto l'LHC diventerà abbastanza potente da piegare ("warp") lo spazio-tempo e creare wormholes. Questo renderebbe possibile viaggiare indietro nel tempo fino al momento in cui la macchina è stata accesa.

Con questa tecnologia di curvatura, sarebbe anche teoricamente possibile manipolare e alterare la linea temporale spaziale esistente per condurla ad un certo risultato 'desiderato'. Ci sono speculazioni che questo viene già fatto per prevenire un grande 'risveglio' del mondo, e da una prospettiva religiosa, per prevenire un atteso e predetto intervento di Dio, o della Luce. Questo 'tempo della fine', in questo caso, non si concluderebbe con una redenzione promessa, ma farebbe precipitare l'umanità - almeno la parte che sopravviverà a questa apocalisse - in un'orribile prigione 'eterna'.

Omicidio a Hong Kong

Hong Kong, con una politica "zero Covid", ha adottato severe misure di blocco, come la chiusura di scuole e parchi giochi. Una nuova decisione per traumatizzare i bambini e insegnare loro ad essere completamente obbedienti alle autorità è il massacro di massa dei criceti, alcuni dei quali sarebbero risultati positivi al Covid-19 in un negozio di animali.

Poiché è noto da tempo che questi test danno risultati completamente falsi in tutto il mondo, ci si chiede se questo genocidio di criceti non sia un preludio a un genocidio pianificato di tutte le persone non vaccinate.

Il governo vuole uccidere tutti i criceti nati tra il 22 dicembre 2021 e il 7 gennaio 2022, perché i criceti potrebbero essere "contagiosi" per gli esseri umani. Il funzionario medico Edwin Tsui, per inciso, ha riconosciuto che questo accade raramente, ed è più probabile che i due dipendenti di un negozio di animali di 23 anni siano stati infettati da altre persone.

L'AFCD (Agriculture, Fisheries and Conservation Department) ora vuole che i proprietari di criceti facciano fare l'eutanasia ai loro animali. Chiunque consegni il suo criceto deve firmare una dichiarazione che questo viene fatto su base volontaria.

Gli abitanti di Hong Kong sono abituati a proteste regolari contro le misure totalitarie, e hanno già formato numerosi gruppi di protesta online. Centinaia di persone si sono offerte di prendersi cura dei criceti dei negozi di animali.

Criceti ora, non vaccinati presto?

Michael Tien, un membro del consiglio legislativo, pensa addirittura che tutti i criceti dovrebbero essere confiscati e soppressi. È un'esercitazione per quando cominceranno a dare un giro di vite sulle persone non vaccinate?" si chiede l'economista americano Martin Armstrong. Non c'è alcuna ragione medica per introdurre leggi così crudeli".

Penso che abbia ragione. Questo è un altro test per vedere come la gente reagirà all'uccisione di esseri viventi a causa di un presunto 'virus'. In questo senso siamo stati condizionati nell'UE per qualche tempo con l'abbattimento di massa di bestiame (pollame) negli allevamenti, eufemisticamente chiamato "abbattimento". Per esempio, i visoni presumibilmente infettati dal "Covid-19" sono stati abbattuti in massa nel 2020. All'inizio di questo mese, 189.000 polli sono stati uccisi in due allevamenti di Bentlo a causa della presunta presenza di influenza aviaria.

Il massacro degli animali domestici, come a Hong Kong, è il prossimo passo verso il genocidio di tutte le "creature" indesiderate che rifiutano di seguire la falsa narrazione totalitaria Covid/lockdown/vax imposta dal governo.

O in altre parole: i non vaccinati (ancora 1 su 6 in media in Occidente).

Anche nell'UE, ci sono già stati suggerimenti sui social media che gli animali domestici "infetti" dovrebbero essere obbligatoriamente abbattuti. Secondo il governo, la possibilità di "infezione" da parte del vostro animale domestico è molto piccola.

Tutta la vita deve sparire ogni tanto?

Che gli animali possano contrarre un virus respiratorio non è una novità, ed è di per sé LA prova che "zero Covid", o anche solo "contenere" la corona, è una completa assurdità perché un tale virus non potrà mai essere sradicato - a meno che non si intenda rendere impossibile (quasi) tutta la vita su questo pianeta.

Date le folli e controproducenti politiche di degrado climatico ed energetico dell'Occidente, e certamente le altrettanto mendaci e devastanti misure coercitive di isolamento-allontanamento sociale-"vaccinazione", più l'incessante, e attualmente portata a livelli estremi, spinta a provocare una grande guerra con una delle due maggiori potenze nucleari del mondo, comincio ad avere la sensazione che questo possa davvero essere l'obiettivo sottostante.

Se i membri del regime WEF/OMS di Rutte e del suo finto parlamento di yes-man sono consapevoli di questo, e/o forse anche collaborano ad esso, possono rispondere meglio da soli.

La Russia protegge le spedizioni di armi iraniane in Siria, lascia Israele impotente - Il Cremlino traccia una linea difensiva intorno alla Siria; Pattuglie congiunte delle forze aeree russe e siriane.

Un potenziale cambio di gioco ha avuto luogo in silenzio in Medio Oriente. La Russia ha infatti iniziato a proteggere attivamente le spedizioni di armi iraniane in Siria dagli attacchi di bombe e missili israeliani di vecchia data. I russi hanno anche usato armi elettroniche per disturbare i sistemi GPS israeliani per qualche tempo ieri, colpendo i voli civili all'aeroporto Ben Gurion vicino a Tel Aviv. Mentre la Russia inizia a proteggere più attivamente l'alleato Siria, lo stato ebraico è reso praticamente impotente. Infatti, Gerusalemme non rischierà mai una guerra con la Russia, anche con il sostegno quasi automatico degli Stati Uniti alle sue spalle.

Gli analisti dell'intelligence israeliana chiamano l'aver lasciato atterrare le spedizioni di armi iraniane nella base aerea permanente russa di Hmeymim, vicino a Latakia, una "grande concessione all'Iran, e la terza battuta d'arresto per Israele in una settimana".

Il Cremlino ha a lungo chiuso un occhio sugli attacchi aerei israeliani su obiettivi siriani perché l'obiettivo erano le spedizioni iraniane di munizioni e armi al gruppo terroristico islamico Hezbollah in Libano, piuttosto che l'esercito siriano. Tuttavia, questo ha già subito così tanti danni dal bombardamento degli aerei da guerra israeliani che i russi - dopo aver avvertito Gerusalemme più volte - ora sembrano aver deciso che quando è troppo è troppo.

Pattugliamenti congiunti delle forze aeree; linea difensiva intorno alla Siria

Il presidente siriano Assad spera che l'esercito russo ora schieri anche i suoi avanzati missili antiaerei S-300 e S-400 contro l'aviazione israeliana. Mosca non sembra ancora voler arrivare a tanto, ma questa decisione è ora molto più vicina. Questi missili possono distruggere gli aerei da combattimento israeliani nel loro spazio aereo.

Il 24 gennaio, la Russia e la Siria hanno già annunciato pattugliamenti congiunti delle forze aeree sull'Eufrate (confine con l'Iraq) e sulle alture del Golan (confine conteso con Israele). Due giorni dopo, l'esercito russo ha inviato la polizia militare armata nella zona portuale di Latakia.

Queste unità sarebbero in realtà costituite da forze speciali, che sembrano essere schierate a causa degli attacchi missilistici israeliani del 7 e 27 dicembre sul porto container di Latakia. Armi iraniane destinate a Hezbollah erano presumibilmente immagazzinate lì.

Avviso agli Stati Uniti

Il Cremlino ha ora chiaramente innalzato una linea difensiva intorno alla Siria, di cui, per inciso, Israele non è stato ufficialmente informato. L'intensificazione della protezione russa potrebbe anche essere collegata alla crisi ucraina, e potrebbe essere presa come un ulteriore avvertimento a Washington che qualsiasi guerra provocata da USA/UE/NATO non sarà limitata solo a quel paese.

La Siria è uno dei più grandi successi esteri recenti del presidente Putin. Intervenendo rapidamente e con forza, è stato in grado di prevenire una quasi certa terza guerra mondiale iniziata da Bush dopo aver sostenuto l'ISIS durante la guerra in Iraq, e negli anni successivi, di far precipitare la guerra del terrore dell'ISIS creata e diretta dalla CIA per rovesciare Assad. Molti analisti militari concordano quindi che l'IS(IS) è stato sconfitto non grazie all'amministrazione Obama.

Grande reset = grande fallimento?

Il "Build Back Better" del "pazzo di Davos" fallirà totalmente dopo il 2022 - La sola protesta non fermerà una dittatura autoritaria comunista in Europa

Il colpo di stato comunista contro l'Occidente, come abbiamo chiamato il Grande Reset ("Build Back Better") del World Economic Forum dal 2020, era comunque destinato a fallire dopo quest'anno, ma sta già cominciando a fallire. Infatti, dopo la Fed americana, anche la BoE (Banca d'Inghilterra) ha aumentato i tassi d'interesse. La Banca Centrale Europea non può assolutamente seguire l'esempio dopo quasi 8 anni di tassi d'interesse zero/negativi, perché ciò causerebbe immediatamente il collasso della già traballante economia europea. L'alternativa, tuttavia, produce esattamente lo stesso risultato in modo diverso, e impoverirà estremamente gli europei, e certamente gli olandesi, anche grazie alle devastanti misure Covid e climatiche, in un tempo molto breve. Quindi godetevi la (falsa) prosperità che abbiamo ancora per un po', perché questi sono letteralmente gli ultimi giorni.

La BoE ha alzato il tasso d'interesse allo 0,5% a causa della rapida crescita dell'inflazione che deriva direttamente dalle misure di plandemie Covid. Dato che la BCE ha già spazzato via il mercato dei titoli di stato europei (così come il potere d'acquisto, le pensioni, i risparmi e la maggior parte degli investimenti esteri) con tassi d'interesse negativi dal 2014, non può assolutamente seguire l'esempio senza innescare una reazione a catena immediata verso un crollo senza precedenti. L'inflazione alle stelle del momento è solo l'inizio.

Il "pazzo di Davos" e il suo "costruire meglio" dopo la terza guerra mondiale

L'uomo di punta del WEF, Klaus Schwab, ha "una presa mortale sulla gola dell'Europa" secondo l'economista americano Martin Armstrong. Attraverso il suo programma 'Young Leaders' e altri forum (con Sigrid Kaag sul 'libro paga', tra gli altri, e il primo ministro Rutte come convinto sostenitore) ha - come ci ha detto con orgoglio qualche anno fa - infiltrato numerosi governi in tutto il mondo con i suoi seguaci. Tre membri del consiglio di amministrazione del WEF siedono ora in posizioni di vertice al capo dell'UE, al capo della BCE e al capo del FMI.

La Federal Reserve e la Banca d'Inghilterra si difendono ora dall'assalto frontale del WEF alle economie e società occidentali. Questo lascia la BCE da sola con tassi d'interesse negativi, difendendo le visioni più oscure di Schwab per il nostro futuro: la fine dei governi democratici e causando la terza guerra mondiale in modo da poter implementare "Build Back Better".

Armstrong caratterizza Schab come "il pazzo di Davos che sta cambiando il mondo", ed è l'ennesimo accademico che sta percorrendo il sempre fallimentare sentiero comunista di Karl Marx; il sentiero che promette ai popoli uno stato utopico con prosperità e sicurezza permanente, ma che lascia sempre e ovunque ai cittadini l'esatto contrario, povertà e oppressione.

Schwab si aggrappa alla convinzione marxista che gli accademici sono in grado di ridisegnare l'economia mondiale. Come Marx, crede di avere la capacità mentale di capire e riformare il mondo. Ha convinto i leader mondiali (come Mark Rutte) ad ascoltare le sue sciocchezze, quando è stato dimostrato che ovunque si provi, va male".

L'uomo stesso sarà cambiato per sempre

Ma Schwab li ha convinti che questa volta funzionerà, e guadagneranno ancora più potere. Qualcuno di queste persone, che sono incompetenti a governare il mondo, sa qualcosa di come funziona l'economia? Il comunismo e il socialismo hanno sempre fallito perché siamo umani, e non siamo api operaie che possono essere controllate da un alveare centrale".

Questo problema è ben noto all'élite attuale. La loro soluzione: sotto la falsa veste di combattere un presunto virus respiratorio pericoloso, iniettare alla gente sostanze che manipolano i geni e che

1) distruggere progressivamente il loro sistema immunitario, rendendoli totalmente dipendenti dalle iniezioni di richiamo del governo, e quindi non oseranno resistere, e dove

2) contiene nanoparticelle di ossido di grafene che possono assemblarsi alla base di una sorta di "sistema operativo", che può trasformare a distanza le persone in schiavi senza volontà tramite 5G e AI. (Come sapete dai nostri articoli precedenti, questa non è sicuramente una teoria di cospirazione sf, ma una tecnologia già sviluppata che è stata dimostrata essere messa in una percentuale significativa di iniezioni Covid-19).

TUTTO sarà preso dai cittadini e dalle imprese

'Big Tech è allineata con le forze oscure per cambiare questo mondo ed eliminare tutte le nostre libertà', ha continuato Armstrong. 'Stanno cancellando la nostra libertà di parola per sopprimere qualsiasi suono che osi sfidare le loro idee. In effetti, è stato loro promesso che saliranno in cima, a patto che aiutino a distruggere proprio il paese in cui la libertà ha permesso loro di salire in cima".

Il loro pensiero è stato corrotto dal denaro, o sono stati semplicemente attirati dal sogno di Schwab che nel mondo cambiato saranno la nuova élite?

I governi - nonostante la resistenza in rapida crescita, per quanto impressionante possa essere a volte, come la protesta dei camionisti in Canada - non rinunceranno mai al loro potere sulla società acquisito attraverso campagne di disinformazione e inganno di loro iniziativa. Nel frattempo, soprattutto in Europa, i governi spendono soldi come l'acqua, perché sanno che il default del 'Grande Reset' sta arrivando, e nel nuovo sistema finanziario digitale TUTTO sarà tolto a tutti i cittadini e alle PMI (Schwab's 'You will own nothing...'). E con 'tutto' intendono anche il controllo del proprio corpo, della propria salute e persino della propria volontà e dei propri pensieri.

Secondo Armstrong, tuttavia, il planemico Covid per resettare l'economia mondiale fallirà totalmente dopo il 2022, con conseguenze orribili. Gli attuali governanti occidentali tenteranno allora di mantenere e rafforzare la loro presa sulla società e sull'economia con misure coercitive dittatoriali senza precedenti. Questo minaccia di far sprofondare un numero incalcolabile di persone in una profonda povertà e miseria, e di fare un numero inimmaginabile di vittime (dobbiamo pensare a una riduzione pianificata della popolazione dal 25% al forse 50%). Il crollo totale seguirà poi probabilmente alla fine del 2024 - fine 2025.

Un trio infame che vuole gettare il mondo intero nel caos

Questi tre uomini pensano di sapere meglio di tutti gli altri", sostiene il massimo economista.

Il famigerato trio "anticristo" del 21° secolo.

Armstrong: "Stanno distruggendo la civiltà occidentale. Nel processo, causano deliberatamente il declino e la decadenza, pensando di poterla ricostruire in modi migliori. Tristemente, nel fare ciò, si assicurano che la

Cina e la Russia diventino le economie più forti grazie a questi bigotti".

Pensano che il mondo sopravviverà solo grazie a loro, come lo vedono loro. Il nostro computer (Socrates A.I.) ha previsto la fine delle loro arroganti visioni grandiose. Saranno ricordati per generazioni, proprio come Adolf Hitler".

Come ho scritto una volta sui nostri politici nel 2020: Se sopravviviamo a questo grande colpo di stato di Reset come popolo, i nomi Bill Gates, George Soros e Klaus Schwab saranno maledetti per generazioni, e per il prossimo secolo nessuno darà ai propri figli appena nati uno di questi nomi.

Protestare da soli non aiuterà

Quindi, le sole proteste, come il convoglio europeo per la libertà a Bruxelles il 7 e 14 febbraio, per quanto buone e necessarie, non saranno d'aiuto. Per di più: saranno usate dall'élite per far passare i loro obiettivi ancora più duramente e più velocemente.

A MENO che il "risveglio" appena iniziato sia seguito con la massima urgenza da un NO attivo, cioè da una resistenza pacifica di massa (cittadini, aziende, e preferibilmente anche polizia e altri funzionari) sotto forma di un rifiuto totale di cooperare con TUTTE le misure coercitive (come i codici QR e le "vaccinazioni"), ignorando TUTTI i devastanti dettami di Covid- e

climatici, e ripristinando di propria iniziativa
un'economia e una società libere.

Per ora, vediamo troppo pochi segni di quel risveglio
tanto necessario. Ma quello che non c'è, può ancora
arrivare. Ogni giorno in cui coloro che sono al potere
devono rimandare la loro serie di colpi di mazza con cui
vogliono abbatterci completamente, è un'opportunità
per almeno ritardare, e forse anche fermare, il terribile
futuro che hanno in serbo per noi.

WEF: un pericolo per la società?

Il WEF vuole non solo le vaccinazioni obbligatorie ma ora anche gli antibiotici obbligatori (la società viene deliberatamente assuefatta e quindi resa totalmente controllabile).

In uno dei suoi recenti commenti, il grande economista americano Martin Armstrong arriva alla stessa conclusione che abbiamo tratto noi nel 2020: Il World Economic Forum di Klaus Schwab, con tutti i suoi "Young Global Leaders" e altri fedeli seguaci nell'élite politica dell'Occidente, è una minaccia per tutta la civiltà umana. Klaus Schwab stesso si è vantato di essersi infiltrato in tutti i principali governi, controllando ora l'Europa, il Canada, l'Australia e la Nuova Zelanda. A nessuna nazione è stato dato un voto sul consegnare virtualmente tutto il potere a questo marxista autoritario, che ha anche ottenuto che il nostro governo smantellasse parzialmente la nostra economia e ponesse progressivamente fine a tutte le nostre libertà.

'Ci troviamo di fronte a un pericolo chiaro e presente proveniente da vari capi di stato che sono impegnati a promuovere la cultura dell'annullamento, al fine di sopprimere qualsiasi opposizione e cambiare il futuro nostro e dei nostri posteri', scrive Armstrong. 'Schwab, con la sua ammirazione per Lenin, con i suoi Young Global Leaders - tra cui Justin Trudeau - sta imponendo le sue idee comuniste al mondo, il che significa che i principi democratici e la separazione dei poteri del XX secolo sono stati completamente minati, e sostituiti dalle teorie economiche di Schwab, di cui è apertamente molto orgoglioso'.

'Non permette alla gente di votare il suo sogno, e indottrina i dirigenti statali per imporre la sua agenda con un potere puramente autoritario... Vediamo che i regimi più autoritari che sopprimono i diritti dell'individuo sono tutti legati a Schwab, anche l'Australia. Questa è una grave minaccia per il futuro della civiltà. Schwab è riuscito a convincere la gente ad aderire alla sua agenda, che lui ritrae sempre come (creare) equità e uguaglianza, esattamente come Marx e Lenin".

Tutto l'Occidente più il Vaticano sotto il controllo di Schwab

Anche la Casa Bianca è riuscita a prendere il sopravvento; il presidente Biden ha chiamato il suo Build Back Better Act (HR 5376) dopo il famigerato slogan del WEF, che per quanto ci riguarda può essere scritto più giustamente come '6uild 6ack 6etter'.

Schwab e il suo 'club' pensano che il comunismo storicamente fallito ovunque e sempre funzionerà se il mondo intero è controllato. Oltre all'UE, compresi i Paesi Bassi, anche il Vaticano è caduto per questa agenda fascista; Papa Francesco è un comunista convinto, la cui elezione è stata molto probabilmente causata dalla manipolazione (e presumibilmente ricatto e coercizione vera e propria) della massoneria e dell'allora amministrazione Obama. Il messaggio principale di Francesco, quindi, è invariabilmente il "Grande Reset" di Schwab e l'agenda clima-vaccino, che, agli occhi dell'autoproclamata "Santa Sede", sarebbe apparentemente improvvisamente al centro del piano di Dio con l'umanità.

Beh, sono d'accordo con il Papa nella misura in cui è effettivamente il piano di UN "dio" con l'umanità. Tuttavia, il nome di questo "dio" è Lucifero, conosciuto anche come "il Diavolo", Satana, "il serpente antico", il Drago, il Demiurgo, ecc.

Il presidente ombra dell'UE Soros vuole abbattere la Cina e la Russia

Uno dei suoi lacchè più noti e fedeli è George Soros, dato il suo enorme potere e influenza, il presidente ombra de facto dell'UE, il cui figlio è anche uno Young Global Leader di Schwab. Soros ha pubblicato un video in cui ha definito il 2022 un anno cruciale per i presunti "diritti umani", e quindi ha chiesto il rovesciamento del governo cinese e del presidente Xi Jinping, il presidente cinese è probabilmente il vero anticristo quindi sarà interessante vedere come il fumo e gli specchi si svolgono.

Soros sostiene che lui e la sua 'Open Society' sono contro l'autoritarismo, ma basta guardare come è riuscito a destabilizzare l'Europa e anche gli Stati Uniti con il suo odio di sinistra e i suoi programmi divisivi (confezionati sotto 'diversità', 'Antifa', 'BLM' e 'defund the police', tra gli altri), che in qualche modo hanno reso l'Occidente ancora più autoritario della Cina (certamente Canada, Australia, Nuova Zelanda, Austria, Italia e a quanto pare anche la Germania).

Soros si oppone esclusivamente con veemenza a tutto ciò che è conservatore, di destra e a favore della libertà. Nel fare questo, lui, come la maggior parte dei leader occidentali e la "sua" UE, usa le tattiche del famigerato anarchico-satanista Saul Alinsky, accusando continuamente i suoi nemici di fare esattamente quello che lui stesso fa, come promuovere l'autoritarismo, ingannare e mentire al pubblico con la disinformazione e la disinformazione attraverso i media tradizionali, e l'intolleranza estrema di altre opinioni e visioni.

A proposito, il 2022 è davvero un "anno di panico" politico nel modello AI di Armstrong. Ci sono importanti elezioni negli Stati Uniti (mid-term), in Francia e in Australia, e il mandato di Xi Jinping sta per finire. Le elezioni di metà mandato degli Stati Uniti "sono vitali per fermare l'infiltrazione dell'Agenda-2030 di Schwab negli Stati Uniti....

Una setta globalista

Nel 2020, abbiamo parlato per la prima volta di un culto globalista del clima-vaccino, che non poche persone hanno trovato esagerato. Che non si trattasse comunque di un'iperbole è ormai riconosciuto da un numero crescente di analisti. Anche Roger Koops (The Brownstone Institute) paragona senza mezzi termini il

WEF e l'OMS a una "setta che è penetrata in tutto il mondo".

Koops, che ha trascorso tutta la sua carriera professionale lavorando nell'industria farmaceutica e dei vaccini e sottolinea di non essere "un negazionista di Covid", scrive che i principali produttori Pfizer, J&J, Moderna e Astra-Zeneca stavano sollecitando i governi a comprare i loro "vaccini" contro la corona già a febbraio. Questo era meno di un mese dopo che la sequenza genetica (o sequenza parziale) era stata resa disponibile dalla Cina... Pensavo che l'intero concetto che un vaccino pronto sarebbe stato sviluppato in pochi mesi fosse ridicolo".

Fa notare che nomi infami come Bill Gates (/ la Gates Foundation), Neil Ferguson e Anthony Fauci sostenevano strategie di blocco anni fa. E dal 2020, cosa hanno in comune gli attuatori di quelle politiche che distruggono la libertà - Joe Biden, Boris Johnson, Jacinda Ardern, Angela Merkel, Emmanuel Macron, Justin Trudeau, Xi Jinping, Mario Draghi, Scott Morrison, (Mark Rutte e Sigrid Kaag)? 'Sono tutti collegati al World Economic Forum... gestito da Klaus 'non possiederai nulla' Schwab e la sua famiglia... l'origine del Grande Reset e... Costruire di nuovo meglio".

La società è intenzionalmente dipendente dai vaccini e dagli antibiotici

Recentemente il WEF ha pubblicato un articolo che sostiene l'introduzione di un "abbonamento" agli antibiotici, apparentemente per combattere i batteri resistenti. Penso che abbiano la stessa filosofia dei vaccini, che è assolutamente l'approccio con il coronavirus: continuare a pagare e prendere i richiami... Fai in modo che la società sia 'agganciata' a un intervento, efficace o meno, e poi continua a nutrirla. Questo diventa particolarmente efficace se si riesce a mantenere la paura".

Molte volte ho fatto il paragone con la serie di fantascienza Star Trek - Deep Space Nine, in cui una razza aliena ostile usa guerrieri geneticamente modificati chiamati Jem'Hadar. Sono controllati e tenuti assolutamente obbedienti grazie alla dipendenza da una sostanza chimica chiamata Ketracel-bianco, senza la quale soffrono di terribili problemi di salute fisica e mentale e poi muoiono. Lo stesso concetto viene ora applicato all'intera popolazione mondiale con le iniezioni di manipolazione genetica Covid, e apparentemente si sta aggiungendo una dipendenza obbligatoria dagli antibiotici.

Quello che ho anche notato nel 2020 è che dal punto di vista degli affari questo è il modello di entrate più brillante di sempre. Garantisce a Big Pharma trilioni di entrate per sempre, e dà ai governi che lo impongono alle loro popolazioni un potere permanente illimitato e un controllo totale.

È in gioco la sopravvivenza dell'umanità

Allo stesso tempo, questa è probabilmente la più diabolica cospirazione mai forgiata ed eseguita contro l'umanità, una che cambierà per sempre l'intero futuro e la natura della razza umana - almeno la piccola porzione che sarà permessa di sopravvivere agli ora in corso "tempi finali" pianificati.

Dopo la seconda guerra mondiale, gli storici si sono chiesti a lungo cosa sarebbe successo se Adolf Hitler fosse stato fermato in tempo. La stessa domanda può - e dovrebbe - essere posta di nuovo con urgenza su Klaus Schwab e il suo World Economic Forum, perché questa volta potrebbe essere in gioco la sopravvivenza dell'intera razza umana. Ci sono forze indipendenti rimaste su questo pianeta con abbastanza potere e coraggio da eliminare il WEF per sempre? O ci lasceremo collettivamente sprofondare in questo assoluto peggior inferno sulla terra nei prossimi anni quasi senza una resistenza significativa?

Ancora esagerato, pensate? Nel contesto di 'dalla bocca del mostro stesso', si prega di leggere il nostro articolo di 2 giorni fa; Nuovo rapporto WEF annuncia quasi letteralmente il sistema digitale 'segno della Bestia'.

Marchio della bestia?

WEF vuole "esternalizzare" completamente il tuo potere decisionale a un'intelligenza artificiale (= un "dio" digitale alla fine controllerà, dirigerà e determinerà tutta la tua vita) - Il sistema di credito sociale sta inesorabilmente arrivando: solo l'accesso ai servizi (come il conto bancario, l'assistenza sanitaria e i viaggi) se mostri il "giusto comportamento

Nel nuovissimo rapporto del WEF Advancing Towards Digital Agency, viene quasi letteralmente annunciato un sistema digitale "segno della Bestia". Il WEF lo presenta come qualcosa di meraviglioso: un "agente digitale intermediario" prenderà presto tutte le vostre cosiddette scelte e decisioni difficili dalle vostre mani, così non dovrete più preoccuparvene. In questo scenario un agente digitale intermediario di dati (il vostro "rappresentante" digitale) assume il ruolo di decisore.

Il (vostro) consenso diventa automatizzato... con l'aiuto dell'IA, l'agente intermediario dei dati decide autonomamente che tipo di permessi di dati qualcuno vorrebbe dare. Questo apre la porta ad ancora più possibili usi di quei dati" (p.12). Il WEF ammette prontamente che non ci sono solo "meravigliose opportunità" qui, ma anche "rischi significativi".

'Questo si sta muovendo verso un sistema completamente automatizzato di raccolta ed elaborazione dei dati personali, per mettere fuori gioco le restrizioni di "avviso e consenso" (= tutte le vostre informazioni personali saranno raccolte e condivise al di fuori di voi con chiunque.

Quindi: FINE PRIVACY. Basta leggere:). Questo è un settore spaventoso e fantastico, e chiaramente non è così diverso da un mondo in cui non ci sono affatto requisiti di protezione dei dati e della privacy: la differenza è che c'è un sistema, idealmente con backstops (ma quindi non necessariamente = nessun freno su di esso), progettato in modo umano-centrico, e quindi preserva le preferenze degli utenti, e applica le restrizioni degli utenti di conseguenza. (grassetto e sottolineato aggiunto)

Notate il modo in cui è formulato il seguente: "Infatti, non c'è ragione per cui gli agenti AI non potrebbero essere programmati per essere conservatori se ciò corrisponde alle preferenze dell'utente". Il 'infatti' e 'potrebbe essere' indica semplicemente la possibilità tecnologica, ma mantiene chiaramente aperta la possibilità che un'altra scelta politica potrebbe altrettanto facilmente essere fatta per NON darvi quella parola (più).

Infatti, visto ciò che è stato introdotto e annunciato negli ultimi anni nell'area dei dati - pensate soprattutto al codice QR e alla già decisa prossima identità digitale dell'UE - possiamo tranquillamente concludere che la possibilità che i governi in collaborazione con Big Tech, Big Pharma e Big Banks decidano per voi e per me come la 'vostra' AI sarà programmata e tratterà i vostri dati, è del 100%.

Un "intermediario" digitale che prende decisioni per te

A pagina 9 si dice che i vostri dati personali saranno conservati in un 'caveau' (cassaforte digitale). Il vostro intermediario di dati (diciamo, l'"intermediario" digitale o la "copia" di voi stessi che prende le decisioni per voi) vi "consiglierà" sull'uso dei vostri dati, "compreso il tenere traccia di chi sta usando quei dati e per quale scopo". Così si ottiene ancora solo il 'diritto' di vedere chi arriva a vedere quei dati e perché, ma non di determinare COSA è o non è. C'è una possibilità molto reale che un tale 'caveau' diventi presto obbligatorio, e che senza questa identità digitale non si possa più fare nulla.

Uno dei modi in cui i vostri dati personali saranno usati è quello di "avere un impatto sociale, come contribuire alla ricerca accademica o scientifica". Bene, in vista della gigantesca frode fakescience nell'area del "cambiamento climatico" di CO2 e della pandemia/iniezioni di Covid, si può supporre che coloro che hanno le convinzioni politiche "sbagliate", e/o che rifiutano le iniezioni obbligatorie e le misure "climatiche" saranno molto facilmente bollati nei rapporti "scientifici" come un "pericolo" per la società, che sarà usato dai politici per contenere o addirittura rimuovere quei "pericoli".

Il tuo personale "dio" digitale

Quindi la linea di fondo è che avrete una sorta di 'dio' digitale personale che prenderà tutte le decisioni importanti per voi, perché sulla base di tutti i vostri dati personali, quel 'dio' saprà esattamente ciò che volete e di cui avete bisogno, e quando e dove. E la cosa 'rassicurante' di tutta questa storia? In tutto il rapporto, si presume automaticamente che il governo stia per controllare totalmente QUALSIASI aspetto di questo processo, questo 'dio', e quindi VOI.

Naturalmente, questi governi, sempre così 'affidabili', condivideranno automaticamente le vostre informazioni con altre parti, secondo loro affidabili, come i ministeri, l'UE, il WEF, la CIA, l'AIVD e altri servizi di intelligence, per nominarne solo alcuni. Dopotutto, sicuramente volete stare 'al sicuro'? Allora abbiamo davvero bisogno di un controllo illimitato su TUTTI i vostri dati. Sicuramente non avete nulla da nascondere da noi? Perché altrimenti potreste essere visti come una 'minaccia'.

Basta leggere cosa dice a pagina 16: "Un ente pubblico o un'agenzia governativa potrebbe assumere il ruolo di intermediario, specialmente quando si tratta di dati provenienti da enti pubblici.... Tuttavia, se un ente pubblico può essere definito "affidabile" in un dato paese dipenderà dal ruolo del governo, e dal suo grado di controllo, accesso e uso delle leggi di sorveglianza (monitoraggio) e delle relative tecnologie.

Coercizione legale

109

Come se questo messaggio non bastasse - avete capito bene: 'più controllo = più affidabilità e sicurezza' - si aggiunge anche che se non c'è fiducia nel sistema, nel governo e nelle sue intenzioni di fondo, non se ne può fare un uso attivo, se non sotto 'la forza della legge'. In questo contesto si parla anche di un "super-intermediario" che dovrebbe rendere possibile un'ampia condivisione di dati tra vari partecipanti transfrontalieri. Questo comporterà una quantità di dati talmente enorme che potrà essere elaborata solo da una specie di super-I.

Abbiamo avuto esperienze negative più che sufficienti con la "forza della legge" almeno dal 2020 (serrature, tappi in bocca, allontanamento sociale, codice QR), a cui si aggiungerà un ID europeo (/QR) nel corso di quest'anno, e l'espansione graduale in tutta l'UE di "vaccinazioni" obbligatorie sotto la costrizione di sanzioni elevate, come sta succedendo ora in Austria, la patria del famigerato fascista con i baffi, la cui mente oscura sta evidentemente facendo un grande ritorno.

A pagina 26, un caso di studio si concentra sul TDA (Trusted Digital Agent) 'Valexander', che è pubblicizzato come 'amichevole e affidabile'. Questo afferma letteralmente che solo la condivisione di "alcuni dati sensibili o cruciali" richiederà un'interazione umana diretta, cioè il vostro consenso. Ma chi determinerà quali dati personali avranno quella classificazione? Da tutte le indicazioni, questo sarà alla fine il TDA stesso, guidato dall'IA globale, e naturalmente dall'input dei governi.

In altre parole, quel poco di "consenso personale" che vi è rimasto è stato aggiunto solo per il gusto di farlo, quindi effettivamente proprio come le elezioni nei Paesi Bassi devono mantenere l'apparenza di una "democrazia parlamentare".

TUTTO sarà collegato al tuo ID digitale

Il "tuo" ID digitale sarà collegato a TUTTO: assistenza sanitaria (compresa l'assicurazione), servizi finanziari (come l'accesso ai tuoi conti bancari), cibo e sostenibilità, viaggi e mobilità (= passaporto, acquisto di biglietti), risposta umanitaria ("per accedere ai servizi e mostrare le qualifiche per lavorare all'estero"), E-commerce (per memorizzare e pagare online), piattaforme sociali, E-government (compreso il voto, il che significa che le elezioni diventano digitali e il risultato non può più essere affidabile) e telecomunicazioni.

Le telecomunicazioni includono l'accesso a Internet, l'uso del vostro smartphone, e - nota - per monitorare i (vostri) dispositivi e i sensori per il loro uso di energia, la qualità dell'aria e la congestione del traffico. Questo significa che il vostro smartphone sarà costantemente connesso alla rete digitale globale, che, per esempio, vedrà in tempo reale se siete in un ingorgo, e quindi saprà 24/7/365 dove siete e dove state andando. E se tutto va bene, siete consapevoli che il vostro smartphone non deve essere acceso per fare questo.

Incorporato nel tuo corpo

Smartphone? Sicuramente c'è un modo molto migliore e più affidabile per farlo dipendere dal fatto di averlo o meno in tasca. Perché non renderlo un chip (nano) impiantato con c.q. iniettato? In questo modo il tuo stesso corpo diventa il tuo ID e la tua carta di pagamento in uno.

Il rapporto del WEF menziona anche questo: Il vostro profilo digitale "può contenere caratteristiche intrinseche dei dati (come la biometria) (= caratteristiche fisiche), o caratteristiche assegnate (come nomi o numeri di identificazione nazionale)". Una volta che questo ID digitale è in atto e stabilito, includerà anche il vostro comportamento di acquisto e medico, più le vostre "valutazioni e decisioni" basate sul vostro profilo e comportamento ("una banca decide l'attrattiva di un individuo per un prestito"). Questo non è niente di meno che il sistema di credito sociale come è stato introdotto in Cina.

Sotto il titolo 'Futuro' (pag.23) si parla letteralmente del 'prossimo livello di intermediari di dati ('embedded in your body' = incorporati nel corpo, nei dispositivi, nelle case, nelle città, ecc.) Naturalmente, questi includono i 'passaporti vaccinali' (pag.24, Box 4), che nessuno voleva: 'Questi passaporti, per loro stessa natura, servono come una forma di identità digitale'. Si riconosce che i dati sanitari personali sono sensibili, ma che "i dati dei vaccini sono una risorsa inimmaginabile per la salute pubblica... In questi casi, l'avviso e il consenso (dell'utente) non è necessariamente necessario per riutilizzare i dati...

Schwab nel 2016: "Questo accadrà assolutamente entro 10 anni

In un'intervista alla televisione francese nel 2016, Schwab ha previsto che tutto questo "accadrà assolutamente nei prossimi 10 anni", iniziando con (nano)chip nei nostri dispositivi e vestiti, e poi "nel nostro cervello o nella nostra pelle. E alla fine forse la comunicazione diretta tra il nostro cervello e il mondo digitale".

Vediamo una sorta di fusione del mondo fisico, digitale e biologico".

Per i lettori abituali, niente di tutto questo è nuovo. Dopo tutto, ne abbiamo scritto per anni.

Il possibile uso di "vaccinazioni" (eventualmente obbligatorie) per costruire il sistema del "segno della Bestia" nel vostro corpo, in modo che cederete il vostro libero arbitrio in TUTTI i settori e non sarete più in grado di resistere a questo "dio" A.I. in divenire, lo abbiamo già predetto nel 2009.

Sistema di creazione della Bestia completato nel 2025?

Ricordate, nel 2019 è stato deciso di accelerare questa agenda, che doveva essere realizzata entro il 2030, al 2025 ("L'acceleratore"). Questo è stato fatto molto probabilmente perché il risveglio globale che abbiamo a che fare con l'agenda più oscura, antiumana e diabolica che ci sia mai stata sta accadendo più velocemente di quello che i globalisti del WEF avevano preso in considerazione.

Presumibilmente, altri fattori avranno giocato un ruolo, come l'ostruzione della Russia e della Cina, e la posizione finanziaria ed economica dell'Europa in rapida erosione.

Conclusione: il WEF sta facendo ogni sforzo per avere il "sistema della Bestia" completato entro il 2025. Dati gli spaventosi sviluppi geopolitici, non è certo impensabile che il 2025 venga anticipato ulteriormente (2023-2024) per mezzo di una serie di grandi guerre - pianificate o non pianificate (Ucraina-NATO/Russia, Cina/Taiwan, Israele/Iran, India/Pakistan), crolli economico-finanziari, grandi interruzioni dell'approvvigionamento energetico e alimentare causate dalla "politica climatica".

Campi di rieducazione?

I "campi di rieducazione" cinesi come esempio: "I musulmani ne escono più felici" - La libertà di espressione muore, anche in Occidente

Secondo il World Economic Forum Young Global Leader Wang Guan, un importante giornalista politico per un canale di propaganda statale cinese negli Stati Uniti, gli oppositori del "Grande Reset" di Klaus Schwab saranno messi in "campi di rieducazione" solo finché non rinunceranno a nozioni "antiquate" di libertà e nazionalismo (e, in alcuni paesi, il diritto di portare armi). E, sospettiamo, avranno un numero illimitato di iniezioni nei loro corpi, attraverso le quali saranno gradualmente collegati a una rete globale di I.A. transumane.

Il WEF, come sappiamo, cerca "l'abolizione della proprietà privata, un obiettivo riassunto nel controverso 'non possiederai nulla e sarai felice'", come la principale reporter investigativa Natalie Winters (National Pulse) ribadisce il perseguimento di un governo mondiale comunista totalitario.

Davvero ovunque, il miserabile World Economic Forum ha messo i suoi artigli. Per esempio, il "giornalista piangente" che ha quasi chiesto che Boris Johnson e la NATO vengano in aiuto militare dell'Ucraina, iniziando così la terza guerra mondiale contro la Russia, sembra essere anche un WEF Global Leader (2019) (oltre che un sostenitore della campagna di Joe Biden).

Musulmani felici fuori dai campi di rieducazione

115

In un breve video ("Punctuating Western double standards about Xinjiang"), Wang, uno dei 112 Young Global Leaders selezionati da Schwab, sottolinea il "successo" dei campi di rieducazione cinesi per i musulmani uiguri. Wang ha visitato lo Xinjiang e ha parlato con gli uiguri, che hanno tutti respinto le accuse internazionali che il governo cinese sta commettendo un genocidio contro di loro.

54 paesi, la maggior parte a maggioranza musulmana, hanno difeso le attività antiestremiste della Cina nello Xinjiang. Hanno lodato la Cina per le sue politiche di sviluppo lì, e per 'prendersi cura dei suoi abitanti musulmani'", ha spiegato. E probabilmente non hanno tutti i torti".

Il video presenta diversi musulmani che hanno dovuto passare mesi in un tale campo di rieducazione. Lì hanno imparato tutti i tipi di nuove abilità, ed è per questo che ora lavorano in vari settori. Uno di loro è Rukiya Yakup, 26 anni, che è stato incarcerato per 10 mesi e durante questo periodo ha studiato mandarino e vendite. Ora è un'agente immobiliare che guadagna più di 8.000 yuan al mese (ben al di sopra della media locale). Ora mi sento più felice", ha detto Yakup. E ho un reddito considerevole".

La libertà di parola sta morendo, anche in Occidente

La libertà di parola, una volta così sacra in Occidente, sta morendo per far posto all'ideologia dell'OMS/WEF, l'unica "opinione" che presto ti sarà permesso di avere. Per esempio, negli Stati Uniti si può ora essere presi di mira come 'estremisti' se si crede che le elezioni siano state rubate, o se si dubita della narrazione ufficiale di Covid. Il governo degli Stati Uniti stanzia ben 2,6 miliardi di dollari per programmi che diffondono "disinformazione" e "odio".

E 'odio', di questi tempi, è solo avere qualsiasi opinione dissenziente, come sostenere la Russia nelle sue operazioni militari contro il regime neonazista ucraino. Libertà di parola', ma non di vedere siti web russi come RT, perché vengono bloccati uno ad uno dai servizi segreti occidentali.

Anche nel nostro paese ci sono molti esempi, come la condanna e il blocco della rivista "Gezond Verstand" dell'ex giornalista olandese Karel van Wolferen. Recentemente l'editore Mediahuis Noord ha vietato la pubblicità di Forum voor Democratie da tutti i giornali e le riviste. Le opinioni dissenzienti in ogni caso non vengono fatte nei media mainstream, a meno che non vengano deliberatamente messe sotto i riflettori con il solo scopo di minare o addirittura ridicolizzare.